BANK DIGITAL TRANSFORMATION
A Set of Systematic Digital Solution

银行数字化转型路线图

一套系统的数字化解决方案

郭立仑 ◎著

图书在版编目（CIP）数据

银行数字化转型路线图：一套系统的数字化解决方案 / 郭立仓著. -- 北京：机械工业出版社，2022.5
ISBN 978-7-111-70770-7

I. ① 银⋯ II. ① 郭⋯ III. ① 银行业务 – 信息化 – 研究 IV. ① F830.49

中国版本图书馆 CIP 数据核字（2022）第 081808 号

银行数字化转型路线图
一套系统的数字化解决方案

出版发行：机械工业出版社（北京市西城区百万庄大街 22 号　邮政编码：100037）	
责任编辑：董惠芝	责任校对：殷　虹
印　　刷：保定市中画美凯印刷有限公司	版　　次：2022 年 7 月第 1 版第 1 次印刷
开　　本：170mm×230mm　1/16	印　　张：14
书　　号：ISBN 978-7-111-70770-7	定　　价：89.00 元

客服电话：（010）88361066　88379833　68326294　　　投稿热线：（010）88379604
华章网站：www.hzbook.com　　　　　　　　　　　　　　读者信箱：hzjsj@hzbook.com

版权所有·侵权必究
封底无防伪标均为盗版

前　言

为什么要写这本书

近年来，数字化转型成为银行提升经营管理质效、增强市场竞争力的核心手段。许多银行结合自身经营实际情况，选择不同的侧重点推进数字化转型：有的致力于业务渠道场景搭建，有的致力于信息系统自主建设，有的致力于前沿科技探索应用。然而，不少银行对于数字化转型理念的理解不够深刻、全面，导致数字化转型仅停留在技术层面、营销环节，未能向组织架构、价值核算、产品设计、授信逻辑、业务流程等深层次领域渗透。这种情况导致这些银行数字化转型后劲相对不足，并进一步导致数字化转型在支撑高质量发展中发挥的作用不够大。

因此，对于银行而言，要推动数字化转型必须要回答什么是数字化转型、怎样实现数字化转型、如何衡量数字化转型等一系列核心问题。笔者长期从事银行数字化转型理论研究和实践探索工作，对上述问题进行过系统思考，认为银行数字化转型不仅涉及技术和数据层面，还必须向业务领域延伸，以数字化理念对经营管理进行全方位变革，实现业务与组织、业务与财务、业务与机制、业务与技术、业务与数据的"五大融合"。本书详细介绍了"五大融合"的理论体系和落地实践，并结合工商银行、建设银行、招商银行、平安银行等的具体实践对相关方法论在银行中的落地进行了介绍。笔者希望通过本书为读者展现一幅完整、清晰的银行数字化转型路线图，为银行深入推进数字化转型提供一套系统、翔实的解决方案。

读者对象

- 银行高级管理人员
- 银行业监管机构人员
- 银行内部从事数字化转型的工作人员
- 非银行金融机构从事数字化转型的工作人员
- 致力于推进银行数字化转型的咨询公司的工作人员
- 致力于评价银行数字化转型的评级公司的工作人员
- 从事银行数字化转型研究的学者

本书特色

其一，**主题鲜明**。本书围绕银行数字化转型这个主题，结合前沿理论探索和银行经营实际，系统回答了什么是银行数字化转型、怎样实现银行数字化转型、如何衡量银行数字化转型等一系列核心问题。

其二，**理论体系完整**。本书从组织、财务、机制、技术、数据5个视角出发，以体系化、标准化、模型化、智能化、全景化5个目标为基点，深入分析数字化转型背景下银行业务模式发生的根本变化，全面探索银行数字化转型的本质特征、深层内涵、内在逻辑、实现路径和评价体系。

其三，**内容实用**。本书在理论分析的同时，通过公式、图表、实例等方式，深入浅出地解释了银行业务与组织、财务、机制、技术、数据进行融合的方法和路径，并给出实用性、操作性均较强的银行数字化转型路线图和解决方案。

其四，**案例分析深入**。本书对工商银行、建设银行、招商银行、平安银行等银行数字化转型案例进行了具体分析，可帮读者对银行数字化转型增加感性认识，形成立体思维。

如何阅读本书

本书主要讨论银行数字化转型路线，包括7章。

第1章围绕银行数字化转型这个主题，从组织、财务、机制、技术、数据5个视角出发，全面探索商业银行数字化转型的本质特征、深层内涵、内在逻辑、实现路径和评价体系。

第2～6章以体系化、标准化、模型化、智能化、全景化为坐标，分别详细论述了银行业务与组织、财务、机制、技术、数据进行融合的方法和路径，并通过公式、图表、实例等方式进行深入剖析。

第7章基于银行数字化转型"五化"理论体系，对工商银行、建设银行、招商银行、平安银行等银行数字化转型案例进行实证分析，进一步厘清银行数字化转型"实战打法"和"行动路线"。

如果你的目的是了解银行数字化转型全貌，可以首先阅读第1章和第7章；如果你的目的是掌握银行数字化转型的具体方法和路径，建议详细阅读第2～6章；如果你的目的是了解银行数字化转型与组织架构、价值核算、管理机制、信息技术、数据管理之间的关系，建议快速阅读第2～6章。

勘误和支持

由于笔者的水平有限，书中难免会出现一些错误或者表述不准确的地方，恳请读者批评指正。欢迎读者把宝贵意见发送至邮箱 guolilun2009@126.com，期待能够得到读者的真挚反馈。

致谢

感恩师长、领导在工作中给予指导和帮助,让我对银行数字化转型的理解逐步深入;感恩朋友、同事在学习中给予建议和提示,使得本书的体系更加清晰,内容更加饱满;感恩父母、妻儿在生活中给予关心,为我提供强大的精神慰藉和心灵支撑。

目 录

前言

第1章 银行数字化透视——"五化"方法论　　1

1.1 数字化的本质特征："五化"的提出　　3
1.2 数字化的深层内涵："五化"的定义　　5
1.3 数字化的内在逻辑："五化"的关系　　7
1.4 数字化的实现路径："五化"的脉络　　8
1.5 数字化的评价体系："五化"的衡量　　10

第2章 银行业务与组织融合——体系化　　15

2.1 银行经营管理分析框架——理论基础　　17
　　2.1.1 经营环境分解　　19
　　2.1.2 业务结构分解　　22
　　2.1.3 内部管理分解　　24
2.2 由前到后：价值链条与部门设置　　31
2.3 由上到下：集中式总行、组装式分行、分布式支行　　32
2.4 由内到外：科技创新体系构建　　34

第 3 章 银行业务与财务融合——标准化　　37

3.1 量子级产品定义：标准化价值衡量基点　　38
3.2 客户、产品衍生关系：价值传递脉络梳理　　40
3.3 基于量子级产品的综合净收益计量　　41
3.3.1 量子级产品综合净收益公式解读　　41
3.3.2 资金的机会成本衡量方式：基于 FTP 机制　　45
3.3.3 资金的风险成本衡量方式：基于 KMV 和 LMI 模型　　48
3.3.4 资金的时间成本衡量方式：基于利率期限结构模型　　53
3.4 基于零基预算的综合净收益分配　　54
3.4.1 分配路径　　54
3.4.2 分配方法　　55
3.4.3 计算公式　　57
3.5 基于量子级产品的综合利润加总　　59
3.6 基于财务的战略管理　　60
3.6.1 战略目标在财务、业务层面的分解　　61
3.6.2 战略目标在财务、业务层面的推进　　63
3.7 基于财务的风险管理　　64

第 4 章 银行业务与机制融合——模型化　　65

4.1 产品模型　　67
4.1.1 量子级产品构建：五级分解法　　67
4.1.2 产品货架：数字标签　　70
4.1.3 产品工厂：个性化定制与流水线组装　　72
4.2 授信模型：信息获取、特征提炼与逻辑重构　　74
4.3 流程模型（一）：全链条概述　　78
4.3.1 业务发展流程　　78
4.3.2 风险管理流程　　79

- 4.3.3 资源配置流程 … 81
- 4.3.4 配套支撑流程 … 83
- 4.3.5 战略管理流程 … 83
- 4.3.6 财务管理流程 … 85
- 4.3.7 内控、合规管理流程：从文化到制度 … 86
- 4.3.8 内控、合规与风险管理的关系：可视化展示 … 87

4.4 流程模型（二）：功能合并、模块提取与中台搭建 … 89
- 4.4.1 客户体验模块：潜在需求挖掘 … 90
- 4.4.2 客户交互模块：潜在需求实现 … 92
- 4.4.3 场景、生态模块：从潜在需求到潜在客户 … 92
- 4.4.4 客户动态成长模块：全生命周期洞察 … 94
- 4.4.5 产品供给模块：研发与实施 … 96
- 4.4.6 风险计量模块：全面风险管理核心 … 98

第5章 银行业务与技术融合——智能化 … 101

5.1 银行的技术需求：信息管理视角 … 103
5.2 银行技术供给：技术架构概览 … 104
- 5.2.1 从业务架构到IT架构 … 105
- 5.2.2 企业级理念与分布式架构 … 106
- 5.2.3 敏捷前台、复用中台、稳健后台 … 109

5.3 银行业务与技术对接形成的新型银行 … 112
- 5.3.1 直销银行 … 112
- 5.3.2 互联网银行 … 116
- 5.3.3 虚拟银行 … 118

5.4 银行业务与技术融合解析 … 121
- 5.4.1 物联网与银行 … 122
- 5.4.2 5G与银行 … 124

        5.4.3 区块链与银行   127
        5.4.4 云计算与银行   131
        5.4.5 人工智能与银行   133
    5.5 三大未来银行新模式   136
        5.5.1 开放银行   137
        5.5.2 数字银行   140
        5.5.3 智慧银行   142

第 6 章 银行业务与数据融合——全景化   147

    6.1 数据治理：数据管理顶层设计   150
    6.2 数据资产：数据管理核心   151
        6.2.1 数据转化为资产的 7 个基本条件   151
        6.2.2 数据生命周期概览   153
        6.2.3 数据标准与数据字典   154
        6.2.4 价值衡量与交易市场   156
        6.2.5 数据分析与数据挖掘   157
    6.3 从数据仓库到数据湖   164
    6.4 全景化：全渠道、全流程、全业务、全客户   166
        6.4.1 全景化起步：大数据与业务融合   167
        6.4.2 全景化升级：FSDM 与业务融合   168
        6.4.3 全景化高阶：数字孪生与业务融合   170

第 7 章 银行数字化实战：案例分析与评估   173

    7.1 工商银行：步伐较快、效果较好   174
        7.1.1 体系化：数字化组织较为完善   175
        7.1.2 标准化：数字化财务规则初步建立   176
        7.1.3 模型化：数字化机制逐步升级   177

7.1.4　智能化：数字化技术日臻成熟　　　178
　　　7.1.5　全景化：数据资产价值初步显现　　　183
7.2　建设银行：优势突出、动能较强　　　185
　　　7.2.1　体系化：数字化组织不断完善　　　185
　　　7.2.2　标准化：数字化财务规则深入探索　　　186
　　　7.2.3　模型化：数字化机制不断完善　　　187
　　　7.2.4　智能化：核心系统建设日臻成熟　　　190
　　　7.2.5　全景化：数据资产管理成效初显　　　193
7.3　招商银行：内核驱动、特色鲜明　　　195
　　　7.3.1　体系化：数字化组织较为完备　　　195
　　　7.3.2　标准化：数字化财务规则引领经营管理　　　197
　　　7.3.3　模型化：数字化机制深入推进　　　198
　　　7.3.4　智能化：基础设施建设不断完善　　　200
　　　7.3.5　全景化：数据资产管理持续加强　　　201
7.4　平安银行：依托科技、聚焦零售　　　203
　　　7.4.1　体系化：数字化组织初步建立　　　203
　　　7.4.2　标准化：探索财务与业务融合路径　　　204
　　　7.4.3　模型化：探索业务机制创新模式　　　206
　　　7.4.4　智能化：基础设施体系初步建立　　　208
　　　7.4.5　全景化：数据资产管理能力提升　　　210

第1章 CHAPTER 1

银行数字化透视——"五化"方法论

近年来,数字技术之间加速融合,数字经济快速发展,数字政策不断健全,这些为银行迈入数字化转型新阶段并引领高质量发展新趋势奠定了技术基础、物质基础和制度基础。

首先,技术创新提供基础支撑。近年来,大数据、云计算、人工智能、5G、区块链、物联网等底层信息技术取得突破性发展,各类技术之间融合速度加快,这些为金融行业借助相关技术加快变革商业模式和经营方式奠定了基础。

其次,数字经济成为增长动能。党的十八大以来,国家高度重视数字经济,推动数字经济发展逐渐上升为国家战略,并着力培育以数据为关键要素的经济社会发展新形态。"十四五"规划和2035年远景目标纲要明确提出发展数字经济,推进数字产业化和产业数字化,推动数字经济和实体经济深度融合,打造具有国际竞争力的数字产业集群。据统计,2020年,数字经济规模达39.2万亿元,占GDP的38.6%。

最后,监管部门加大引导和规范力度。2018年,银保监会出台《银行业金融机构数据治理指引》,指导银行业金融机构加强数据治理,提高数据质量,发挥数据价值,提升经营管理能力;2019年,中国人民银行出台《金融科技(FinTech)发展规划(2019—2021年)》,推动金融行业规范金融科技管理体系,加快金融科技转型步伐;2021年,银保监会出台《银行业保险业数字化转型的指导意见》,要求银行将数字化转型作为金融高质量发展的关键驱动力之一,深化金融供给侧结构性改革。

在此背景下,数字化转型逐步成为银行业务转型的主要方向和提升市场竞争力的核心手段。因此,对于银行而言,什么是数字化转型,怎样实现数字化转型,如何衡量数字化转型,成为当前立足新发展阶段、贯彻新发展理念、构建新发展格局的必选项和必答题。本书在笔者长期理论研究和实践探索基础上,从组织、财务、机制、技术、数据5个视角出发,以体系化、标准化、模型化、智能化、全景化 5 个目标为基点，深入分析银行业务模式发生的根本变化，全面探索银行数字化转型的本质特征、深层内涵、内在逻辑、实现路径和评价体系，从而为推进银行数字化转型提供方向、工具、方法和衡量标准。

1.1 数字化的本质特征："五化"的提出

对于什么是数字化转型，随着实践的探索和经验的积累，银行业内观点逐步趋于一致，但仍未形成一个精准的、一致的定义来概括数字化的本质特征。我们不妨先从部分先进银行数字化战略目标出发，分析当前银行业内对于数字化转型的理解。

工商银行提出打造"敏捷、智慧、生态、数字、安全"五位一体的"科技强行"战略。其中，"敏捷"代表机制变革激发内生原动力的敏捷银行，"智慧"代表科技贯穿前中后台的智慧银行，"生态"代表开放互联、无界融合的生态银行，"数字"代表数据资产释放新要素活力的数字银行，"安全"代表稳定可控、支撑可持续发展的安全银行。

建设银行提出"TOP+2.0"战略。其中，"T"即"Technology"，代表在核心技术方面，从单一技术应用到多技术融合应用（MIX）；"O"即"Open"，代表在能力开放方面，从业务开放拓展为业务、数据和技术生态全面开放；"P"即"Platform"，代表在平台生态方面，从单一平台到融合的生态体系，从平台建设到平台建设与运营并重；"+"即"Plus"，代表在体制、机制方面，深化"鼓励创新、包容创新"的机制与企业文化，深化集团一体化协同和平台运营组织保障。

中国银行提出"1234-28"战略，其中，"1"代表一个数字化主轴，"2"代表业务、服务两大架构，"3"代表人工智能、大数据、云计算三大平台，"4"代表业务创新发展、业务科技融合、技术能力建设、科技体制机制转型四大工程，"28"代表重点推进28项战略工程。

农业银行提出"iABC"战略，其中，"i"代表智慧（intelligent）、我（i）、融合（integrated）、科技助力（impetus）。"iABC"战略通过"七大技术、五大支柱、六大中台、两大保障"具体推进，其中，"七大技术"指大数据、云计算、人工智能、分布式架构、区块链、信息安全、网络技术；"五大支柱"指产品、场景、数据、风控、渠道这几个业务领域；"六大中台"指数据、信贷、开放银行、零售营销、对公营销和运营这几大中台；"两大保障"一方面指安全生产、信息安全，另一方面指IT治理架构、IT生产关系优化。

交通银行提出"POWER"金融科技发展愿景。其中，"P"即"Platform"，代表建设行业领先的新技术平台；"O"即"Open"，代表推动技术开放与业务开放，打造G-B-C-F端多元联动的生态平台；"W"即"Wise"，代表深挖数据资产价值，以人工智能为引领；"E"即"Enterprise"，代表构建灵活、可复用、组件化的企业级架构；"R"即"Reinvent"，代表重塑业务流程、客户体验、产品服务、营销展业、运营管理、风险防控、业务模式。

由上可见，主要银行的数字化转型既包括了对技术、数据等要素的创新，也涵盖了经营模式、管理方式的转变，以求最终实现客户服务能力提升和经营管理质效飞跃。同时，要实现经营模式和管理方式的转变，需要从以下几方面考虑：首先要有"人员"，即需要完善组织架构；其次要有"目标"，即需要建立价值标准；最后要有"方法"，即需要优化体制机制。因此，银行数字化转型的本质特征就是以客户需求为中心，以技术为支撑，以数据为基础，通过重塑组织架构、财务核算体系、管理机制，提升银行在渠道建设、客户获取、产品创新、风险管理等全流程的规范化、精细化水平，从而实现金融服务质效整体跃升，为高质量发展奠定基础（详见图1-1）。而数字化转型本质特征中涉及的组织、财务、机制、技术、数据等要件，正是本书要论述的体系化、标准化、模型化、智能化、全景化的基础。

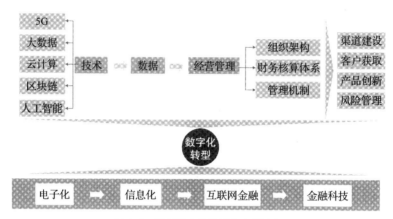

图 1-1 银行数字化转型的本质特征

1.2 数字化的深层内涵："五化"的定义

在银行数字化转型过程中，先进银行结合自身经营实际情况，提出了各自的愿景或蓝图。我们学习这些愿景或蓝图，可以进一步深化对银行数字化转型内涵的理解。例如，工商银行提出要建设移动银行、平台银行、数字银行、智慧银行，民生银行提出要建设 5G 银行、智慧银行、数字银行、直销银行、开放银行、场景银行，平安银行提出要建设数字银行、生态银行、平台银行等。这些愿景或蓝图有的强调经营管理模式的转变，例如直销银行、场景银行、生态银行、开放银行等；有的强调技术创新，例如移动银行、5G 银行、智慧银行等；有的强调数据应用，例如数字银行等。可以说，它们包含了本书所要论述的"五化"内容。

结合上文提出的银行数字化转型的本质特征，我们可以进一步定义体系化、标准化、模型化、智能化、全景化等概念，从而展现银行数字化转型的深层内涵。

- **体系化**，说的是银行业务与组织架构之间的关系。当银行从顶层设计出发，立足数字化转型本质，深层梳理银行业务逻辑，合理设置部门和机构，并实现相关部门和机构从上到下、从前到后、从内到外的有效连接时，就可以说银行实现了业务与组织有机融合，或者说实现了"体系化"。

- **标准化**，说的是银行业务与财务核算体系之间的关系。当银行结合业务发展实际情况，不断优化和完善价值计量工具和分配机制，做到精细化计量各项金融产品的价值贡献，并将产生的价值贡献合理地分配到经营管理的各个领域，进而激发所有员工的积极性、主动性时，就可以说银行实现了业务与财务有机融合，或者说实现了"标准化"。

- **模型化**，说的是银行业务与管理之间机制的关系。当银行从经营管理实际操作角度出发，对各重要业务机制进行分解和归纳，形成产品模型、授信模型和流程模型，塑造"模型化"产品工厂、模型工厂、流程工厂，从而推进银行经营管理的各个领域、层面、环节高效运作和深度融合时，就可以说银行实现了业务与机制有机融合，或者说实现了"模型化"。

- **智能化**，说的是银行业务与信息技术之间的关系。当银行充分运用各类前沿技术，推进技术与技术之间、技术与业务之间的深度融合，从而确保银行各个领域、层面、环节的各类信息有效获取和高效利用，为银行实现数字化转型提供基础支撑时，就可以说银行实现了业务与技术有机融合，或者说实现了"智能化"。

- **全景化**，说的是银行业务与数据管理之间的关系。当银行充分运用前沿技术，并在梳理管理架构、细化财务标准、搭建业务流程的基础上，进一步归纳经营管理深层逻辑，构建数字映射底层规则，从而实现数据全景化的获取、转化、挖掘、传输和存储时，就可以说银行实现了业务与数据有机融合，或者说实现了"全景化"。

1.3　数字化的内在逻辑："五化"的关系

上一节介绍了银行数字化转型的 5 个核心概念，即体系化、标准化、模型化、智能化、全景化，它们分别描述了银行业务与组织、财务、机制、技术、数据的关系。那么，体系化、标准化、模型化、智能化、全景化之间存在什么样的内在逻辑？数字化与"五化"之间存在什么样的关系？本节将对此进行探讨。

（1）**"五化"与数字化转型之间的关系**。数字化转型的根本目的是提升银行经营管理水平，或者说业务发展能力，而体系化、标准化、模型化、智能化、全景化都是立足"业务"这个基点，并通过这个共同的基点建立连接关系的。因此，本书将重点介绍业务与组织架构、财务核算体系、管理机制、信息技术、数据管理之间的融合，以及"五化"如何相互作用、共同推动并最终帮助银行实现数字化转型。

（2）**"五化"之间的关系**。体系化描述的是业务与组织架构之间的关系，数字化转型需要有人员，因而体系化是数字化转型的保障；标准化描述的是业务与财务核算体系之间的关系，数字化转型需要有目标，因而标准化是数字化转型的核心；模型化描述的是业务与管理机制之间的关系，数字化转型需要方法，因而模型化是数字化转型的关键；智能化描述的是业务与信息技术之间的关系，数字化转型要以技术为支撑，因而智能化是数字化转型的支撑；全景化描述的是业务与数据管理之间的关系，数字化转型需要数据提供加持作用，因而全景化是数字化转型的基础（详见图 1-2）。

（3）**"五化"内部结构的逻辑**。从体系化、标准化、模型化、智能化、全景化的内部结构看，前三者描述的组织架构、财务核算、管理机制涉及银行经营管理本身，可以说是银行数字化转型的内部核心因素；而后两者描述的技术、数据并不直接涉及银行经营管理本身，可以说是银行数字化转型的外在加持因素。从当前银行数字化转型实践看，许多银行从外在加持因素起步，且长期停留在外在加持阶段。**内因是依据，外因是条件，外**

因通过内因起作用，如果数字化转型只停留在外在加持阶段，不触及内部核心因素，那么银行经营管理质效就无法大幅提升，数字化转型就难以真正实现。

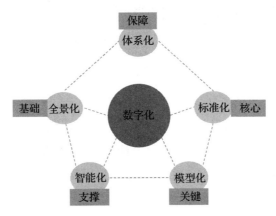

图1-2　银行数字化转型与"五化"关系

1.4　数字化的实现路径："五化"的脉络

从历史角度看，也就是"纵向"看，银行业务转型大致经历了以下阶段。

（1）电子化阶段，银行实现了从无到有、从单机处理到联网处理的突破。

（2）信息化阶段，银行数据大集中工程实现了系统从分散到集中、管理从粗放到集约的跨越。

（3）互联网金融阶段，互联网与银行业务紧密融合。相较于传统线下服务模式，互联网金融延伸了服务触角，更加注重借助互联网渠道获取客户、出售产品。"手机银行""智慧金融服务平台"等产品服务成为主流。

（4）金融科技阶段，信息技术与银行业务深度融合。相较于互联网金融理念，金融科技理念更加强调信息技术的支撑和引领作用，其将信息技术应用从渠道建设环节拓展至客户服务、产品创新、风险管理、资源配置等各经营管理环节。在此基础上，"数字化转型"理念被提出，一场通过数字化转型重塑银行经营管理模式的革命正在席卷银行。

（5）**数字化阶段**，数字化转型下的"数字银行"是之前"电子化""信息化""互联网金融""金融科技"等理念的延续，但内涵却更加丰富。数字银行是数字与银行的融合，不但强调信息技术的基础作用，更强调以数字理念重构经营管理架构、流程和工具，打造标准化经营管理体系。

从实践角度看，也就是"横向"看，先进银行数字化转型路径不尽相同，例如，农业银行强调互联网化、数据化、智能化、开放化，中国银行强调业务数字化、场景生态化、技术平台化，邮储银行强调特色化、综合化、轻型化、数字化、集约化，招商银行强调网络化、数字化、智能化，浦发银行强调线上化、数字化、智能化、生态化，宁波银行强调系统化、数字化、智能化。由此可见，当前银行业数字化转型在体现各自业务特色的同时，也有一些共同之处，主要是**以互联网化、线上化为起点，通过技术与业务深度融合，逐步将转型的触角向更广泛的经营领域延伸（开放化、平台化、场景化、生态化），同时向更深层的管理机制渗透（系统化、智能化、数字化）**。

结合上述"纵向""横向"分析，对照上文提出的银行数字化转型本质特征，以及"五化"的定义和关系，笔者认为，**银行数字化转型是一个由外在加持因素作用内部核心因素，再由内部核心因素统领外在加持因素，最终实现经营管理效率和客户服务能力提升的过程**。银行数字化转型主要包括以下5个阶段。

（1）**系统化阶段**，梳理银行经营管理各领域、层面、环节之间的脉络，厘清先后、主次、轻重，从上到下、从前到后、从内到外地科学设置组织架构，实现业务与组织的融合。

（2）**标准化阶段**，构建银行价值衡量标准体系，推动各领域、层面、环节协同合作与深度融合，实现经营管理精细化，以及业务与财务融合。

（3）**模型化阶段**，对银行各重要业务机制进行分解和归纳，形成产品模型、授信模型和流程模型，塑造"模型化"产品工厂、模型工厂、流程工厂，实现业务与机制融合。

（4）**智能化阶段**，从银行业务全流程出发，加大物联网、5G、区块链、云计算、人工智能、数字孪生等技术的赋能和引领作用，实现业务与技术融合。

（5）**全景化阶段**，从数据生命周期出发，建立包括数据获取、转化、挖掘、传输、存储的全景化管理和工具体系，实现业务与数据融合。

1.5　数字化的评价体系："五化"的衡量

2021年10月，中国人民大学财政金融学院发布《中国上市银行数字化转型指数报告》（以下简称《报告》）。《报告》探索了上市银行数字化转型指标体系，包含战略、组织、服务、技术4个一级指标以及19个二级指标，基于数据特征选取极差变换法进行数据归一化处理，使不同维度的指标可比。《报告》主要选择了客观赋权法，用熵值法确定各层级权重，同时使用等权法编制指数以便进行交叉验证。

在《报告》提出的上市银行数字化转型指标体系下，我国银行数字化转型呈现以下特点。

- 随着时间推移，银行业整体数字化转型不断加深。
- 梯队效应较为明显，国有商业银行、股份制商业银行、城市商业银行和农村商业银行数字化转型程度依次降低。

分析这4个一级指标可知："组织"要素涉及谁来推动数字化转型；"技术"要素涉及数字化转型的支撑技术；"战略"要素容易停留在目标层面，需要深入"财务核算体系""管理机制"层面才能评判其能否落地；"服务"要素偏重于结果层面，其体现为"财务核算体系""管理机制"层面以及"数据管理"层面是否能够达成预期效果。

综上所述，本书会结合银行数字化转型本质特征，以及"五化"的定义、关系、脉络，从体系化、标准化、模型化、智能化、全景化角度，建立银行数字化转型评价体系。这套体系会根据某个银行的实际情况，首先分别对银行业务与组织架构、财务核算体系、管理机制、信息技术、数据管理的融合情况进行评价，做出一般（★）、不错（★★）、较好（★★★）、好（★★★★）、非常好（★★★★★）的评价；然后对上述5个维度的评价进行简单平均，得出该银行数字化转型水平最终评价结果。下面进一步定义5个维度的5个评价标准。

（1）体系化维度。

★：银行顶层架构缺乏数字化转型布局，未能立足银行业务逻辑科学合理地设置部门和机构，导致从总行到分行信息传导不畅，从前台到中后台连接不力，创新机制作用发挥不足。

★★：银行在顶层架构上考虑了数字化转型布局，但对于银行业务逻辑挖掘不深，导致部门和机构设置不合理，从总行到分行信息传导不畅，从前台到中后台连接不力，创新机制作用发挥不足。

★★★：银行在顶层架构上考虑了数字化转型布局，初步梳理了银行业务逻辑，从总行到部门信息传导相对畅通，但仍然存在从前台到中后台连接不力和创新机制作用发挥不足等问题。

★★★★：银行在顶层架构上考虑了数字化转型布局，进一步梳理了银行业务逻辑，从总行到部门的信息传导机制以及从前台到中后台的连接体系相对完整，但仍然存在创新机制作用发挥不足等问题。

★★★★★：银行在顶层架构上考虑了数字化转型布局，深层次梳理了银行业务逻辑，科学合理地设置了部门和机构，实现了相关部门和机构从上到下、从前到后、从内到外的有效连接。

（2）标准化维度。

★：银行的价值计量工具和分配机制相对粗糙，未能做到精细化计量各项金融产品的价值贡献，且未能将产生的价值贡献合理地分配到经营管理的各个领域，难以有效激发所有员工的积极性、主动性。

★★：银行对价值计量工具有所优化，考虑到了资金成本，但对风险、时间成本考虑不足，对产品和客户层面的附带效应考虑不足，未能做到精细化计量各项金融产品的价值贡献，同时分配机制相对粗糙，未能将产生的价值贡献合理地分配到经营管理的各个领域，难以有效激发所有员工的积极性、主动性。

★★★：银行对价值计量工具有进一步优化，考虑到了资金、风险、时间成本，但对产品和客户层面的附带效应考虑不足，未能做到精细化计量各项金融产品的价值贡献，同时分配机制相对粗糙，未能将产生的价值贡献合理地分配到经营管理的各个领域，难以有效激发所有员工的积极性、主动性。

★★★★：银行优化和完善了价值计量工具，做到了精细化计量各项金融产品的价值贡献，但分配机制相对粗糙，未能做到将产生的价值贡献合理地分配到经营管理的各个领域，在激发所有员工的积极性、主动性方面仍有不足。

★★★★★：银行优化和完善了价值计量工具和分配机制，做到了精细化计量各项金融产品的价值贡献，并将产生的价值贡献合理地分配到经营管理的各个领域，有效激发了所有员工的积极性、主动性。

（3）模型化维度。

★：银行对各重要业务机制的分解和归纳严重不足，未能形成产品模型、授信模型和流程模型，与"模型化"产品工厂、模型工厂、流程工厂差距较大，难以实现经营管理各领域、层面、环节高效运作和深度融合。

★★：银行对各重要业务机制的分解和归纳相对粗糙，在产品模型、授信模型和流程模型方面做了初步探索，但与"模型化"产品工厂、模型工厂、流程工厂差距较大，难以实现经营管理各领域、层面、环节高效运作和深度融合。

★★★：银行对各重要业务机制的分解和归纳有所改进，初步建立了产品模型和"模型化"产品工厂，但授信模型和流程模型仍然相对粗糙，与模型工厂、流程工厂差距较大，对经营管理各领域、层面、环节高效运作和深度融合支撑力度不足。

★★★★：银行对各重要业务机制的分解和归纳进一步改进，初步建立了产品模型和"模型化"产品工厂，以及授信模型和模型工厂，但流程模型仍然相对粗糙，与流程工厂差距较大，对经营管理各领域、层面、环节高效运作和深度融合支撑力度有待加强。

★★★★★：银行对各重要业务机制进行了分解和归纳，形成了产品模型、授信模型和流程模型，打造了"模型化"产品工厂、模型工厂、流程工厂，从而推进经营管理各领域、层面、环节高效运作和深度融合。

（4）智能化维度。

★：银行未能充分运用各类前沿技术，技术与技术之间、技术与业务之间未能实现深度融合，银行所涉各领域、层面、环节的各类信息无法被获取和高效利用，银行缺少实现数字化转型的基础支撑。

★★：银行对各类前沿技术进行了初步研发，但整体信息架构未立足企业层面，导致技术与业务之间融合程度不够，银行所涉各领域、层面、环节的各类信息无法被获取和高效利用，银行缺少实现数字化转型的基础支撑。

★★★：银行对各类前沿技术进行了进一步研发，整体信息架构立足企业层面，但云计算体系未能建立，导致技术与业务之间融合深度不够，银行所涉各领域、层面、环节的各类信息无法被获取和高效利用，银行缺少实现数字化转型的基础支撑。

★★★★：银行对各类前沿技术进行了深入研发，整体信息架构立足企业层面，云计算体系初步建立，但开放式模式尚未形成，导致技术与业务之间融合的广度不够，银行所涉各领域、层面、环节的各类信息无法被获取和高效利用，银行缺少实现数字化转型的基础支撑。

★★★★★：银行充分运用各类前沿技术，推进技术与技术、技术与业务之间的深度融合，从而确保银行所涉各领域、层面、环节的各类信息被有效获取和高效利用，银行实现数字化转型有了基础支撑。

（5）全景化维度。

★：银行未能建立数据治理架构，未能有效开展数据资产管理，导致数据资产价值难以有效发挥，与构建数字映射底层规则并实现数据全景化的获取、转化、挖掘、传输和存储目标差距较大。

★★：银行虽然建立了数据治理架构，但未能有效开展数据资产管理，导致数据资产价值难以有效发挥，与构建数字映射底层规则并实现数据全景化的获取、转化、挖掘、传输和存储目标差距较大。

★★★：银行虽然建立了数据治理架构，初步开展了数据资产管理，但数据资产价值仍难以有效发挥，与构建数字映射底层规则并实现数据全景化的获取、转化、挖掘、传输和存储目标差距较大。

★★★★：银行虽然建立了数据治理架构，初步开展了数据资产管理，且探索性构建了数字映射底层规则，但数据资产价值仍然难以有效发挥，实现数据全景化的获取、转化、挖掘、传输和存储目标难度较大。

★★★★★：银行建立了数据治理架构，有效开展了数据资产管理，充分发挥了数据资产价值，并在梳理了管理架构、细化财务标准、搭建业务流程的基础上，构建了数字映射底层规则，从而实现了数据全景化的获取、转化、挖掘、传输和存储。

第 2 章 CHAPTER 2
银行业务与组织融合——体系化

将银行业务与组织融合，是银行实现数字化转型的第一步。但从实际情况看，部分银行未能建立与数字化转型相适应的组织体系，这主要表现在如下几个方面。

（1）有的银行由原来属于支持保障部门的信息科技部承担数字化重任。在该模式下，信息科技部往往不是以实现用技术创新带动业务创新为目标的，而是将工作较多聚焦在以IT系统保障银行基本业务正常运转上，这明显不利于数字化长期发展。其实，数字化是指在整个业务的全过程中实现技术与业务融合，涉及组织变革、流程改造、技术架构调整等一系列问题，是一个系统化工程，也是"一把手"工程，需要自上而下推行。

（2）有的银行设立了独立的网络金融业务部，或根据业务类型设立了二级部门。前者在名义上有较大的管理自由度和发展空间，但是由于大部分传统银行缺乏独立强大的网上获客能力，且其网络金融客户和线下客户重合度非常高，常常需要线下渠道提供业务支撑，故其业务价值和边界难以与传统业务清晰区分开，容易被强势的传统业务裹挟，成为配套服务。这就会进一步导致网络金融业务部无法引领业务发展。后者更容易沦为传统业务线的一个工具或补充，在某一个细分的夹缝中生存，比如App的开发及运营。

（3）有的银行建立游离于业务之外的数据团队。这些团队不断采用先进的数字技术进行创新，但没有充分使其商业化或对其推广落地，即使进行了推广也会由于技术的各种缺陷，以及不能满足业务运用环境的苛刻要求，而被业务实际经办人员否定。例如，较多的银行数据团队分析出的各种商机在前台的真实运用率极低。有些数据团队在某些项目上取得实际成绩，但这些项目效果很难放大到整个机构。事实上，只有当技术变革改变了银行大部分甚至全部业务时，才有可能产生重大经济效益，而跨越组织边界的工作是一项长期且极具挑战性的工作，这也是数字化实施工作成功率低的重要原因。

上述各种组织架构都难以有效支撑银行实现数字化转型。银行只有从顶层设计出发，立足数字化转型本质，深层梳理业务逻辑，科学合理设置部门和机构，并实现相关部门和机构的有效连接，才能为数字化转型夯实组织基础。

2.1 银行经营管理分析框架——理论基础

从地位和作用看，银行是货币政策从中央银行向实体经济传导的重要环节，是各经济主体实现跨时间、跨地区、跨领域资金融通、信用转换、信息共享的重要纽带。银行以其庞大的线上线下渠道、丰富的金融产品和服务体系、复杂的内部运作机制，连接宏观和微观，联通经济和金融。因此，银行经营管理是一个系统概念，需要全面分析银行经营管理状况，并考虑内外部的因素。其中，内部因素既包括业务结构，又包括内部管理，而内部管理既涉及业务发展、风险管理、资源配置、配套支撑等基本要素，又涉及公司治理、机构管理、战略管理、财务管理、内控管理、合规管理等延伸要素。

综上所述，笔者认为，银行经营管理分析框架应包含3个层次，即经营环境、业务结构、内部管理。其中，内部管理层次包含4个领域，即业务发展、风险管理、资源配置、配套支撑；还可以从3个视角去审视上述4个领域，即时间视角（战略管理、内部管理主体、财务管理）、管理视角（公司治理、内部管理主体、机构管理）、约束视角（内控管理、内部管理主体、合规管理）。这样就可搭建一套完整的框架，在本书中称为3-4-3框架，如图2-1所示。这套框架可以作为系统梳理银行经营管理各领域、层面、环节之间的逻辑和脉络的分析工具。

首先来分析银行经营管理的3个层次（即经营环境、业务结构、内部管理）之间的关系。如果用 3 个同心圆表示 3 个层次，那么外层的同心圆表示经营环境，中层的同心圆表示业务结构，内层的同心圆表示内部管理。换言之，经营环境、业务结构、内部管理的关系是由大到小、由外而内的（详见图 2-2），这可以从正反两个方面来理解。

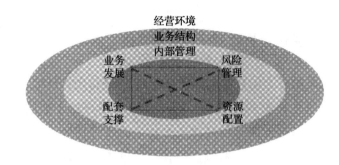

图 2-1　银行经营管理分析框架

图 2-2　3 个层次传导

从正向看，经营环境是银行经营面对的外部因素，银行需要在所处的经济环境、政策环境、金融环境中捕捉业务机遇，获得发展空间。同时，银行对业务机遇的捕捉能力不是无限的，而是受到自身条件制约的。如果说不同风险－收益组合形成的经营环境是银行经营的无差异曲线，那么业务结构就是银行的约束线，即银行对各类客户的服务能力取决于相关金融产品和服务是否丰富、是否到位。需要指出的是，由于大部分资产期限较长、流动性较差，故银行业务结构调整速度相对较慢，且往往会形成某种路径依赖。当然，银行业务结构的形成有历史的原因，但这在一定程度上也反映了当前银行内部管理能力，即银行在产品供给上能否满足客户需求，在资源配置上能否跟进经营环境变化，在配套支撑上能否利用最新技术成果等。良好的内部管理能够帮助银行及时调整业务结构，将资产投到效率更高的领域，从而提升银行整体经营质效。

从反向看，当经营环境出现负面变化时，例如某一区域或某一行业出现经济衰退，作为经济金融重要纽带的银行很难规避风险，但受到冲击的程度因行而异。这主要取决于银行的业务结构：在出现风险的地区或行业业务布局较多、资产占比较高的银行往往受到的影响较大，反之则受到的影响较小。一些经营范围相对受限、资产相对集中的城市银行、农村银行往往会因当地经济金融环境恶化而暴露出大规模风险。

面对外部环境变化带来的冲击，即使是业务结构相似的银行，受到的影响也未必相同，这是因为内部管理会发挥重要作用。内部管理较好的银行：资本储备一般较为充足，损失吸收能力较强；风险政策执行一般较为严格，客户资质较高；资源配置机制一般较为灵活，业务转型速度较快，整体而言受到外部冲击的可能性较低。

2.1.1 经营环境分解

经营环境可以从经济环境、政策环境、金融市场环境等方面展开，如图 2-3 所示。

经济环境既包含总量的范畴，也包含结构的范畴。总量方面，我们既需要考虑存量的财富概念，例如金融资产价值等，也需要考虑流量的收入概念，例如国民生产总值、财政收入等。结构方面，我们主要考虑供求结构：在需求侧，可以分析消费投资净出口结构、收入分配结构等；在供给侧，可以分析产业结构、区域结构、技术结构、要素投入结构等。在双循环发展格局下，经济环境的内涵更加广泛，因此我们既要关注国内市场的变化，又要关注国际市场的变化,还要关注国内市场与国际市场的协同联动。经济环境是银行面对的最大的外部环境,服务实体经济也是银行最大的社会责任。只有抓住经济结构的特点,才能提供有效的金融服务;只有把握经济变化趋势,才能做出科学的战略布局。

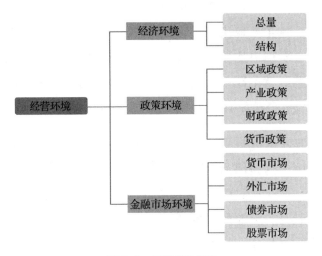

图2-3 经营环境分解

政策环境是经济主体面临的运行规则。与经济环境相对应,政策既可以是供给层面的,例如产业政策、区域政策等,也可以是需求层面的,例如财政政策、货币政策等。在新发展阶段,国家既强调供给侧改革,又提出需求侧改革,这就是说要从供求两个方面激发经济主体动能、增强市场活力。此外,对于银行而言,还需要关注金融监管政策,关注监管机构在公司治理、业务发展、风险内控、合规管理、并表管理等方面的最新要求,做到宏观审慎和微观审慎相结合,确保合规经营和稳健发展。

从主营业务看,金融市场的参与主体可以分为直接金融机构(例如,证券公司、基金公司、信托公司等)和间接金融机构(例如,银行、保险公司、租赁公司等)。直接金融机构和间接金融机构最本质的区别是客户资金是否纳入自身负债，即是否对客户资金承担全部责任。从期限结构看，金融市场可以分为货币市场和资本市场。货币市场是短期市场，一般分为同业拆借市场、票据贴现市场、证券回购市场等；资本市场是长期市场，一般分为股票市场、债券市场、基金市场等。银行是金融市场的重要参与者，其他金融机构是银行在金融市场中的重要对手方。

接下来我们分析一下我国金融市场运行，以此阐释银行在金融市场中的地位。金融市场运行从根本上说是资金的运行，而资金的源头是中央银行。2014年以前，我国贸易顺差较大，外汇储备持续高速增长，中央银行通过回笼外汇向市场投放基础货币；2014年以后，受外部环境变化影响，贸易顺差以及外汇储备高速增长的基础削弱，中央银行开始转变货币供给方式，主要通过公开市场操作的方式投放基础货币，但能够与中央银行直接开展公开市场操作的一级交易商一般为资金充足的大型金融机构（不妨把这一交易层产生的利率称为r_1），中小型金融机构只能通过一级交易商获得资金（不妨把这一交易层产生的利率称为r_2），从而形成了流动性分层。相应地，我们把实体经济主体从大型金融机构获得资金产生的利率称为r_3，把实体经济主体从其他金融机构获得资金产生的利率称为r_4。一般来说，$r_1<r_2<r_3<r_4$，即离资金源头越近，获得资金的成本越低，通过资金运行获得收益的可能性越大。流动性分层是我国当前金融体系的主要特征。银行尤其是大型银行正是因为处于流动性分层的上游，因而在整个金融体系中处于核心和优势地位。

接下来我们再分析一下货币政策传导路径，以此介绍经济金融价格的形成过程。从中央银行流出的货币在流经各类金融机构后的最终去向：有的资金通过一级市场流入实体经济，流入手段可以是贷款、债券、股票等，而实体经济的物价水平（不妨称为P）正是由这类资金的规模与实体经济的体量决定的；有的资金（来自非银金融机构或实体经济）通过二级市场流入虚拟经济，流入手段可以是ABS、债券、股票等，而虚拟经济的资产价格

（不妨称为 E）正是由这类资金的规模与虚拟经济的体量决定的。同时，考虑到与国际金融市场之间的联系，中央银行可以通过货币政策影响汇率水平，进而影响国内虚拟经济的资产价格（详见图 2-4）。

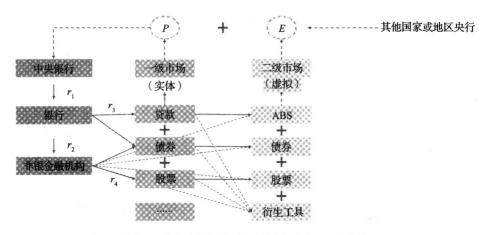

图 2-4 金融市场运行：流动性分层与货币政策传导

需要指出的是，中央银行虽然可以通过货币政策调节货币供给数量和价格，但难以确保货币最终流向实体经济。因此在实体经济增速放缓的背景下，更多资金倾向选择流入虚拟经济，这就容易造成资金空转和资产泡沫。有的学者提出将资产价格稳定纳入货币政策目标，就是出于这种原因。对于中央银行而言，这个提议在当前面临实操的难题，但也是未来转型的重要课题。

2.1.2 业务结构分解

业务结构可以从资产负债匹配、集中度、嵌套结构等方面展开（详见图 2-5）。

下面对图 2-5 所示的几个部分进行详细介绍。

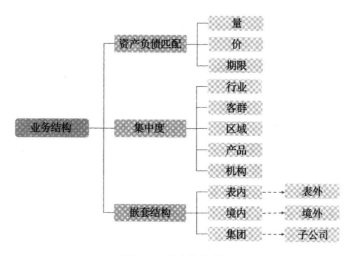

图 2-5 业务结构分解

（1）**资产负债匹配方面**。银行的主要业务模式是先借入资金再借出资金，通过借入、借出的价差赚取收益。资金来源计入负债，资金运用计入资产。因此，负债端对资产端的资金运用行为有决定作用：如果负债端资金波动较小、规模较大、成本较低，那么资产端资金就可以投向期限相对较长、规模相对较大、收益相对较高的领域，反之亦反。换言之，资产需要与负债进行匹配。此时，银行一般需要考虑期限、规模、价格等因素。一方面，银行业务本质是通过借短用长的流动性转换赚取利润，因此期限、规模、价格的匹配是动态匹配；另一方面，银行不论是资金的来源还是资金的运用都是多渠道的，因此期限、规模、价格的匹配也是综合匹配。有的学者指出，在资产负债匹配方面，银行不仅要考虑负债的情况，还要考虑所有者权益的情况；不仅要考虑资金在表（指银行的资产负债表）内的运用，还要考虑资金在表外的运用；不仅要考虑银行自身的客户和业务结构，还要考虑所处的金融市场环境在融入资金、处置资产等方面的便利程度。总之，银行应该在整体流动性框架内寻求资产负债的匹配。

（2）**集中度方面**。银行业务的集中度既涉及资金运用端，也涉及资金来源端。业务的集中度主要取决于银行的客户结构。如果银行的客户相对分散，那么银行一方面在资金定价方面具有相对优势，更有可能赚取较高收益；另一方面当遭遇外部风险冲击时，分散的客户受到的影响是不相同的，这会使银行更有可能降低系统性风险，反之亦反。因此，在日益激烈的市场竞争环境下，一些零售业务占比较高的银行在获取收益、管控风险等方面更具有优势。从银行经营管理角度出发，我们可以从行业、区域、客群、产品、机构等角度分析业务集中度，既可以从业务发展层面分析，也可以从风险管理层面分析。银行经营管理就是要在保持业务相对分散的基础上，将资源尽量向综合利润水平较高的领域倾斜。

（3）**嵌套结构方面**。近年来，随着金融改革开放程度不断加深，许多银行致力于推进全球化、综合化战略转型：不仅开展传统的借贷业务，还开展金融投融资业务；不仅在境内有分支机构，在境外也有分支机构；不仅针对银行本身，还通过设立子公司涉足各类非银金融业务。因此，各类业务在表内外、境内外、母子公司之间可能存在较为复杂的交叉和关联关系，风险可能会沿着表内外、境内外、母子公司之间的业务链条进行传递。对此，银行既要做好嵌套结构底层摸排，又要从全表角度做好各类业务总量控制。

2.1.3 内部管理分解

银行内部管理的基本面包含 4 个领域——业务发展、风险管理、资源配置、配套支撑。为什么是这 4 个领域？这 4 个领域之间的相互关系又是怎样的呢？对于银行而言，基本目标是盈利，而实现盈利一方面要通过完善金融产品和服务来满足客户需求，也就是所谓的业务发展；另一方面要通过对经营环境变化的合理预判，有效规避或减少负面冲击带来的利润损失，也就是所谓的风险管理。需要指出的是，为了做好业务发展和风险管理，银行需要加强对前台部门之间、前中后台之间、上下级经营机构之间的人、财、物等资源的有效支撑和合理配置。因此，资源配置、配套支撑也是完成银行盈利目标的基本环节（详见图 2-6）。

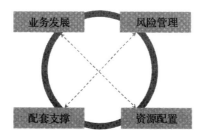

图 2-6　内部管理分解

（1）**业务发展**。对于业务发展，我们应从如下 3 个角度进行理解。

- 首先看业务发展与风险管理的关系。对于银行而言，业务发展与风险管理是一枚硬币的两面，要实现业务高质量发展，不但业务的规模和盈利要增长，业务的资产质量也要可控，这样的增长才是有保障的、可持续的。

- 其次看业务发展与资源配置的关系。银行业务发展涉及许多客户、产品以及管理部门、经营机构，要提升业务发展质效，就要厘清哪些客户、哪些产品、哪些管理部门、哪些经营机构综合投入产出最高，然后将更多的资源向其倾斜，从而调动这些部门、机构的积极性，从整体上提升经营效率。

- 最后看业务发展与配套支撑的关系。从本质上说，银行是信用中介，更是信息中介。银行通过掌握和处理海量信息来降低风险、完成信用的转换，因此信息获取渠道、信息处理系统、人才队伍等成为银行经营管理的重要支撑。

（2）**风险管理**。对于风险管理，我们应从如下 3 个角度进行理解。

- 首先看风险管理与业务发展的关系。金融学理论告诉我们，当市场竞争较为充分时，预期收益与风险承担正向相关。而银行正是经营风险的机构，因此风险管理与业务发展不是对立的，而是统一的。横向看，银行可以通过多地域、多行业的资产布局降低非系统性风险；纵向看，银行可以通过跨时间、跨市场的资金调剂熨平周期波动。

- 其次看风险管理与资源配置的关系。银行应当建立良性的风险管理反馈机制，将风险管理状况作为资源配置的重要考量标准，将更多资源投到风险管理能力较强、风险收益水平较高的领域。
- 最后看风险管理与配套支撑的关系。银行需要强化风险管理支撑，包括制度、系统、工具、队伍等，一方面提升风险管理的准确性、前瞻性，确保风险政策科学有效；另一方面加强风险管理的可操作性、可执行性，确保风险政策在基层经营机构落地。

（3）**资源配置**。对于资源配置，我们应从如下3个角度进行理解。

- 首先看资源配置与业务发展的关系。为了提升市场竞争力，银行一般会向客户（或者客群）提供综合化、一站式的金融产品和服务，这就需要前台（包括客户管理部门、产品管理部门等）、中台（包括风险管理部门等）、后台（包括财务管理部门、渠道管理部门、信息科技部门、人力资源部门等）通力配合，因此准确衡量各环节、各部门对业务发展的贡献，并合理分配资源，对于形成整体合力至关重要。
- 其次看资源配置与风险管理的关系。由于资源配置具有当期性，而风险暴露往往具有滞后性，因此资源配置机制不但要涵盖当期风险水平，还要通过延期支付、追溯回扣等设计应对未来风险变化。
- 最后看资源配置和配套支撑的关系。随着数字经济的兴起，银行将更多资源投向数据、科技等基础领域，以期通过数字化转型推动银行管理体系和业务流程的重构。

（4）**配套支撑**。对于配套支撑，我们应从如下3个角度进行理解。

- 首先看配套支撑与业务发展的关系。银行过去的配套支撑决定了当前的业务结构和服务能力，而银行当期的配套支撑决定了未来的业务结构和服务能力。
- ❏ 其次看配套支撑与风险管理的关系。风险的监测、计量等重要事项，都需要强大的配套信息工具完成海量数据的搜集和处理；风险政策的传导、落地等核心环节，都需要完备的配套业务系统实现风险管理的嵌入与干预。
- ❏ 最后看配套支撑与资源配置的关系。配套支撑水平与资源配置导向有直接关系，银行应当细化配套支撑领域资源投入与产出的关系。这里所说的关系不仅包括当前的关系，也包含未来的变化。

上述 4 个领域是相互联系、辩证统一的整体，共同构成银行内部管理的基本要素。如果将银行内部管理的基本要素从不同视角进行延展，那么可以将银行战略管理、财务管理、公司治理、机构治理、内控管理、合规管理等概念也纳入其中。

1. 时间视角

从时间视角审视内部管理，如图 2-7 所示。

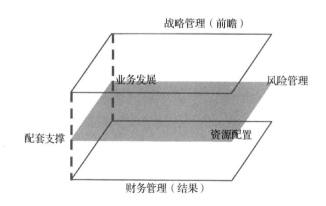

图 2-7　内部管理深化（一）：引入时间视角

我们之前对银行内部管理的讨论都是基于当前情况。在时间维度下，银行内部管理不仅要考虑当前情况，还要反映过去情况，更要预见未来情况。对未来情况的预见涉及银行战略管理，对过去情况的反映涉及银行财务管理。

因此，战略管理不是单独存在的"兵种"，也不是束之高阁的"概念"，而是基于银行内部管理基本要素对未来进行的思考，即思考银行在未来要用什么方式实现怎样的业务发展、风险管理、资源配置、配套支撑。换言之，业务发展、风险管理、资源配置、配套支撑都应该有各自的战略管理。需要指出的是，银行经营管理的3个层面在这里同样适用，因为要做好银行战略管理，就必须做好对未来经营环境和业务结构变化的研判。银行正是在战略的引领下，逐步优化内部管理要素和业务结构、适应经营环境变化的。

财务管理也是基于银行内部管理基本要素展开的。与战略管理不同，财务管理是银行过去内部管理情况的反映，即银行过去的业务发展情况、风险管理情况、资源配置情况、配套支撑情况，都会通过当前财务数据反映出来。在这些财务数据中，业务发展与风险管理情况较为显性，但资源配置与配套支撑情况需进一步挖掘。需要指出的是，由于短期内经营环境、业务结构、内部管理等发生较大变化的可能性较低，因此财务指标具有一定的"惯性"。我们可以通过财务指标变化趋势分析，预见银行未来经营管理状况；通过对财务指标内部结构进行分析，提炼各领域的优劣势，可为银行经营决策提供支撑。

2. 管理视角

从管理视角审视内部管理，如图 2-8 所示。

我们之前对银行内部管理的讨论都是基于业务层面。在管理维度下，银行不仅要考虑业务本身，更要考虑业务管理的上一层级（即高层）和业务执行的下一层级（即基层）。业务管理的上一层级涉及银行公司治理，业务执行的下一层级涉及银行机构管理。

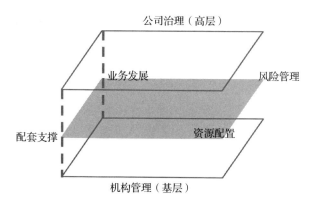

图 2-8 内部管理深化（二）：引入管理视角

公司治理是现代企业管理体系中最高层级的架构设置，目的是解决委托代理问题。委托代理关系中最基本的关系是所有权与经营权之间的关系，而经营权又可以进一步细分为决策权、执行权、监督权。良好的公司治理体系能够确保所有权与经营权的有效分离和融合，确保决策权、执行权、监督权有序运作和衔接。对于我国银行而言，高层人员的核心目标应该是长期稳健盈利，因此银行的决策层（董事会）、执行层（高级管理层）、监督层（监事会）的工作应该围绕核心目标展开。而要实现这一目标又离不开银行在公司治理层面对业务发展、风险管理、资源配置、配套支撑的决策、执行、监督。

机构管理是我国银行经营管理的一个重要环节。一方面受传统业务模式影响，我国银行基层经营机构覆盖较广、数量较多，一些规模较大的银行一般有 4～5 个经营层级，因此总行在业务发展、风险管理、资源配置、配套支撑等领域制定的各项政策是否能够层层穿透，确保在基层经营机构落地执行，往往成为银行经营管理是否有效的重要考量。另一方面受我国区域经济结构影响，各地区基层经营机构面对的产业结构、客户结构差异较大，一些规模较大的银行的业务范围一般是覆盖全国的，因此总行在业务发展、风险管理、资源配置、配套支撑等领域制定的各项政策是否适用于不同区域的经营机构，或者各区域的经营机构是否能够结合当地经营环境特点对总行各项政策进行有效细化和分解，往往成为银行经营管理是否高效的重要衡量指标。

3.约束视角

从约束视角审视内部管理，如图2-9所示。

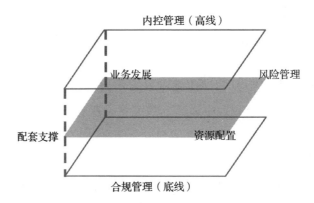

图2-9 内部管理深化（三）：引入约束视角

我们之前对银行内部管理的讨论都是基于目标视角的。在约束维度下，银行不仅要考虑目标，还要考虑内外部约束条件的限制。内部约束条件涉及银行内控管理，外部约束条件涉及银行合规管理。

内控管理是银行从自身角度出发，根据中长期战略目标和经营策略，通过制定内控管理目标、建立内控管理体系、完善内控管理政策、运用内控管理工具，实现对经营管理行为的内在约束。与外部约束相比，银行内控管理往往更加严格，因此形成了银行行为约束的高线。需要指出的是，银行内控管理不是独立存在的，而是渗透到了经营管理各领域、各方面、各环节。业务发展、风险管理、资源配置、配套支撑等的正常运转，都离不开内控管理。

合规管理是银行从国家经济金融政策角度出发，为确保满足外部监管各项要求，对自身经营管理行为进行的规范。银行合规管理虽然未必像内控管理那样严格，但其约束的刚性更加明显，因此形成了银行行为约束的底线。银行要做好合规管理，就需要持续跟进监管要求变化，结合业务结构特点，将合规管理融入内部管理的基本要素，深入分析业务发展、风险管理、资源配置、配套支撑的现状与监管要求存在的差距及其原因，确保依法合规经营。

2.2 由前到后：价值链条与部门设置

根据上文介绍的"3-4-3"框架，我们可以从银行经营管理本身出发，沿着价值链条设置银行基本组织架构，即银行可以由业务发展、风险管理、资源配置、配套支撑等板块构成。

- 业务发展板块可以进一步细分为客户管理部门和产品管理部门等。客户管理部门和产品管理部门又可以根据个人客户（C端）、公司客户（B端）、政府客户（G端）进行深度分解。
- 风险管理板块可以进一步细分为授信管理部门、风险管理部门、内控和合规管理部门等。
- 资源配置板块可以进一步细分为信贷资源配置部门、财务资源配置部门、人力资源配置部门等。
- 配套支撑板块可以进一步细分为数据管理部门、技术管理部门、渠道管理部门等。

同时，银行还应当设置战略管理、财务管理、公司治理服务、经营机构管理、法律合规管理等部门，从而确保全面、协调、可持续发展。

从银行经营管理实际看，设置上述板块和对应部门虽然有利于形成并提升各领域专业化能力，但同时也增加了出现沟通不畅、推诿扯皮局面的可能性。为了有效提升客户服务效率，切实增强市场竞争力，在提供金融产品和服务的过程中，上述各板块、各部门需要通力协作，从而形成整体合力，为客户提供综合化金融方案。部分先进银行在管理层设立了专门的领导小组，目标是逐步打破"组织架构壁垒"；个别先进银行正探索如何回归到价值创造链条，从精细化价值衡量与分配角度，从根本上激发各板块和部门的积极性、主动性。

2.3 由上到下：集中式总行、组装式分行、分布式支行

本节将探索银行如何在内部经营管理层级上开展业务发展、风险管理、资源配置、配套支撑等工作，从而有效推动金融产品供给部门有序、高效地运转。至于银行如何对接客户个性化需求，实现金融产品和服务模型化组装，第 4 章会详细介绍。

当前，银行管理架构一般涵盖总行、分行（子公司与分行一般处于同一层级）、支行三个层级。同时为了满足市场需求，部分规模较大的银行还会在支行下设一级或者二级网点。为了简化，**本书采用总行、分行（子公司）、支行三级运行体系，将支行下设的网点也归并为支行层级**。

（1）**支行层级**。由于支行分布较广，对当地客户了解较深，因此支行层级通常会设置客户经理，负责客户管理事宜，其主要工作包括：对接客户需求，形成需求参数，为金融产品和服务组装奠定基础；挖掘客户潜在需求和潜在客户，为夯实银行中长期客户基础奠定基础。需要指出的是，为了提升客户服务质量和效率，建议银行实行全球客户经理机制，例如在银行 A，客户 B 只有唯一客户经理 C 与之统一对接（称客户经理 C 为客户 B 的全球客户经理），即使客户 B 在银行 A 的业务涉及其他地域，相关地域所在支行的客户经理 D 也需要通过全球客户经理 C 与客户 B 对接。在全球客

户经理机制下，每个客户经理都需要了解并牵头管理客户在全球范围内的业务，这就对客户经理的业务能力提出较高要求，因此建议根据客户等级对客户经理层级进行排序。换言之，专为高级客户提供服务的客户经理需要在支行拥有较高职位。

（2）**分行层级**。分行层级通常会设置产品经理，负责提供各类产品组件。银行产品组件主要包括资金类产品组件、服务类产品组件等，涉及银行传统的存贷业务、创新的投融资业务，以及非银子公司（信托、租赁、基金、保险、投行类等）相关业务。分行层级中，可以是一个产品经理负责多个产品组件，也可以是一个产品组件由多个产品经理（即产品经理团队）共同负责。

（3）**总行层级**。总行层级首先会设置产品组装经理，负责综合客户需求参数，运用各类产品组件，确定产品组装参数，以求最大限度满足客户需求。总行层级还会设置授信管理经理、风险管理经理、内控和合规管理经理等，负责各类风险的集中统一管理。为了确保风险管理政策和工具落地，建议不论是授信管理、风险管理，还是内控和合规管理，都要嵌入业务流程，对应经理都可以对可能出现潜在风险的业务进行及时纠正。总行层级也会设置资源配置经理、配套支撑经理等，负责在全行层面配置各类资源、提供各项支撑，从而确保全行资源得到最大化利用。总行层级的产品组装经理、授信管理经理、风险管理经理、内控和合规管理经理，可以是一个人负责一个客户的最终产品和服务，也可以是多个人（即团队）负责一个客户的最终产品和服务。

综上，基于产品工厂的三级运行体系（详见图2-10），银行既可以在客户管理过程中形成分布式触角，又可以在产品组装过程中发挥专业化优势，还可以在产品组装和风险管控过程中实现集中式管理，夯实经营基础，提升管理效率，从而推动高质量经营管理。

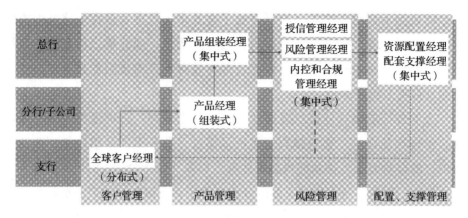

图 2-10 集中式总行、组装式分行、分布式支行

2.4 由内到外：科技创新体系构建

银行需要设立和完善科技创新组织体系，从而提升对前沿市场需求的把握能力，增强对未来需求的预判能力。综合当前银行经营管理实践，科技创新体系主要包括以下几方面。

（1）**设立高级别的创新委员会**。在创新委员会中设立首席创新官，由董事长或行长担任。委员会成员应该包括分管主要业务条线，以及科技、风险、人力、财务、研究等部门及关键分行的高管。创新委员会的主要职责：

- 负责制定全行创新战略，并整体推动战略执行。
- 负责对全行的创新进行顶层设计，明确中长期创新战略方向和目标。
- 对重大创新项目进行相关决策，从战略上部署和规划创新的整体联动。

（2）**设立日常创新管理机构**。该机构负责的主要工作如下。

- 细化创新战略并制定实施路线图，将战略分解成具体的创新项目，加强创新项目的过程管控和跟踪。
- 跟踪创新项目的进展，以例会形式定期汇报。组织创新委员会了解并讨论创新项目进展，提高创新项目在关键节点上的决策效率，及时发现项目中存在的问题。
- 跟踪新兴技术在全球银行业的应用情况，同时定期对正在进行和即将开始的创新项目进行分析、排序和协调，达到收益、成本、风险均衡。建议短期内聚集大数据、云计算和人工智能等成熟度高、影响大的重点技术，并据此改造银行 IT 基础架构，以支撑银行业务快速协同发展；依据区块链等颠覆性技术，开展中期稳健布局的创新项目，形成源源不断的创新。
- 根据不同分行所在区域的特点，制定分行科技能力提升规划，有计划、有针对性地推广新技术应用。
- 引入金融科技专家组，及时咨询专家组意见，确保全行科技创新提升工程全面、科学、可实施。

（3）**设立前沿颠覆性科技创新研发机构。**

- 创立创新实验室，快速实现对现有业务的渐进式改造。比如，银行可针对云计算、大数据等亟须提升的基础性科技领域，通过项目制管理和运作、明确工作计划、定期沟通交流，确保各项工作能够整体统筹、流程打通、分工协作、落到实处，实现从部门银行向端到端流程银行的转变。
- 建立孵化机制或天使投资基金，对具有颠覆性的创新概念和思维进行孵化，确定配套机制和资源，以加速新业务成果转化。比如，银行可聚焦区块链等成熟度较低但会影响基础信息技术架构的科技领域，根据科技发展顶层设计开展系统研发，寻找合适切入口，在内部进行小范围试验，探索全渠道、全业务融合提升用户体验的方式，从而快速掌握核心技术，为构建未来竞争优势做储备。同时，和外部创新机构的第三方开展合作，积极发掘新科技和新模式，打造良好的业技合作生态。
- ❑ 为创新实验室和孵化机构等配置跨部门的支撑团队和客户体验团队，例如，嵌入式的风险审批、法律合规、人力资源、财务管理支持团队，以及信息技术敏捷开发团队、辅导创新的专家团队等。

前沿颠覆性科技创新研发机构的主要工作方式：小规模试点创新项目，以敏捷的管理机制加速创新迭代。以"短、平、快"的方式规划试点项目，应用敏捷开发管理模式，在短周期内将创新成果迅速投放到市场，或通过对客户进行测试和反馈，完成小步试错，短时间内实现更新迭代。

第 3 章 CHAPTER 3

银行业务与财务融合——标准化

近年来，随着金融科技的深入发展，银行开始加速推进数字化转型，加快前沿技术在经营管理领域的应用，例如利用大数据、云计算、5G、人工智能、区块链等技术提升银行渠道建设、客户管理、产品设计、风险管理等的能力。但是，如何精细化计量各金融产品的价值贡献，并将产生的价值贡献合理地分配到经营管理的各个领域，鲜有银行会涉及，然而这类工作却会对银行数字化转型产生重要影响，或者说这类工作也是银行数字化转型的重要组成部分。因此，本章就从这个角度切入进行探讨。

3.1 量子级产品定义：标准化价值衡量基点

从根本上说，对于银行经营管理效率提升而言，前沿技术只是外在加持，而价值的计量与分配机制才是内在核心。银行只有结合业务发展实际，不断优化和完善价值计量工具和分配机制，才能激发银行内部各业务条线、板块领域所涉员工的工作积极性、主动性，才能为银行的数字化转型和高质量发展提供基础的动力。整体而言，银行在金融产品价值精细化计量与分配方面还存在以下不足。

- **不同客户部门、产品部门之间的贡献难以衡量**。一方面，银行提供的金融产品和服务往往不是单一的，而是多元的，如矩阵式产品组合，且相关产品和服务对于客户的重要性不是同质的，即有的是主要的，有的是从属的。另一方面，银行相关客户之间也不是孤立的，而是集群式存在的，且相关客户的获取顺序也不是相同的，即有的是先来的，有的是后到的。但是，这些产品、服务和客户之间存在着密切的关系——往往没有A产品的提供，就没有B产品的销售；没有甲客户的获取，就没有乙客户的到来。但从目前情况看，不同客户部门、产品部门之间利益的分割缺乏合理、系统的规则。

- **中后台部门的贡献难以衡量**。银行是金融产品供给机构，客户管理、产品管理、风险管理、资源支撑保障等前中后台部门对于金融产品的供给都从不同角度发挥着作用。但从目前情况看，客户管理、产品管理等的价值贡献的计量方式一般相对明确，风险管理、资源支撑保障等的价值贡献的计量没有科学、有效的方法。
- **成本支出难以衡量**。银行是一个有机整体，从渠道建设到信息系统完善，从品牌建设到社会责任履行，都会为各部门开展经营管理活动提供统一支撑。相关成本如何在各部门内部分配，是银行管理精细化的重要研究方向。从目前情况看，对收益端价值进行计量和分配相对容易，对成本端价值进行计量和分配较为困难，且目前处于较为模糊的状态。

由上可见，只有准确衡量各领域、层面、环节在业务发展过程中所做出的贡献和所产生的成本（即综合净利润），才能进一步精细化各领域、层面、环节在业务发展方面的权、责、利，真正激发各领域、层面、环节的经营活力，通过生产关系的改进推动生产力的提升，从而实现财务与业务的深度融合。

为全面、精确计量银行各项经营管理活动价值，本书借用物理学中不可再分粒子即量子的概念，引入"量子级产品"的概念。对于银行而言，存量业务涉及诸多客户和产品。一个客户可以同时消费多个产品，一个产品也可以同时服务多个客户。如果对银行全量客户、全量产品按照某种规则进行层层剥离，最后会得到单一客户的单一产品，这种在客户层面和产品层面都无法再细分的产品被称为量子级产品。在量子级产品层面，银行可以较为精准地确定产品供给参与方，厘清产品供给贡献度，从而为对产品价值进行精细化计量和分配奠定基础。至于通过何种方式构建量子级产品，第4章将详细介绍。

3.2 客户、产品衍生关系：价值传递脉络梳理

对于银行而言，从时间角度看，每个客户之间的关系不是等同的，即一些客户是先介入的，另外一些客户是由先介入的客户带动而后介入的，不妨称先介入的客户为本源客户，后介入的客户为衍生客户（这有点类似于货币银行学中经典的原始存款和派生存款、基础货币和派生货币的关系）。由此可见，本源客户与衍生客户代表的是一种衍生关系。对于同一客户而言，其既可以是被其他客户衍生的衍生客户，也可以是衍生其他客户的本源客户。显然，对于银行而言，本源客户意义更加重大，因为其可以产生衍生客户。如果将同一衍生链条上的所有客户归为一类（称为一个客群），那么我们可以将银行的全量客户分解为诸多客群，即只要某些客户存在衍生关系，那么这些客户就可归为一个客群。也就是说，不同客群中的客户不存在衍生关系。

同理，对于同一个客户而言，从时间角度看，银行的每个产品的地位也不是等同的，即一些产品是先消费的，另外一些产品是由先消费的产品带动而后消费的，不妨称先消费的产品为本源产品，后消费的产品为衍生产品。由此可见，本源产品与衍生产品之间是一种衍生关系。对于同一客户而言，同一产品既可以是被其他产品衍生的衍生产品，也可以是衍生其他产品的本源产品。显然，对于银行而言，本源产品意义更加重大，因为其可以产生衍生产品。

因此，在定义了量子级产品后，银行需要进一步梳理客户与客户之间和产品与产品之间的衍生关系，从而为精确计量不同领域的价值贡献奠定基础。具体工作如下。

- ❏ 站在全行角度，统计出银行全量客户中包含多少个客群。
- ❏ 站在单一客群角度，既要统计出该客群在该银行共涉及多少个单一客户，还要厘清这些客户之间的衍生关系，即定义本源客户和衍生客户。

❏ 站在单一客户角度，既要统计出该客户在该银行共涵盖多少个量子级产品，还要厘清这些量子级产品之间的衍生关系，即定义本源产品和衍生产品。

为了方便理解，下面通过微观案例进行说明。客户 M、客户 N 都是客户 B 的同事，银行 C 通过同事关系链条，依次推荐客户 M、客户 B、客户 N 办理了一张普通信用卡。上述客户办理信用卡的主要目的是获取短期信用贷款权利，以应对随时可能出现的资金需求。客户 M、客户 B、客户 N 与银行 C 的其他客户不存在衍生关系，且上述客户在银行 C 暂无其他业务。

下面梳理产品之间的关系。由于客户 B 在银行 C 仅办理了普通信用卡业务，且办理的主要目的是获取短期信用贷款权利，故对于客户 B 而言，在银行 C 有多个量子级产品，其中，"通过支付年费获得额度范围内零利息短期信用贷款的权利"是本源产品，而其他产品是衍生产品。

3.3 基于量子级产品的综合净收益计量

本节会深入解读如何对量子级产品进行综合净收益计量。

3.3.1 量子级产品综合净收益公式解读

一般来说，评估金融产品的综合净收益时会考虑资金的机会成本（或收益）、风险成本（或收益）、时间成本（或收益）。对于资产类金融产品而言，综合净收益等于产品定价产生的收益，减去资金的机会成本、风险成本、时间成本；对于融资类金融产品而言，综合净收益等于相应资金带来的机会收益、风险收益、时间收益，减去产品定价产生的成本；对于中间业务类金融产品而言，综合净收益等于中间业务收益。其中，资金的机会成本（或收益）可以用内部资金转移定价机制中的标准定价衡量，风险成本（或收益）

可以用相关金融产品的风险资本计量,时间成本(或收益)可以用平滑的利率期限结构曲线来拟合评估。

上述用于金融产品的综合净收益计量方法对于量子级产品同样适用。如果进一步考虑客户与客户之间和产品与产品之间的衍生关系,那么量子级产品综合净收益的计量将变得更加复杂。如果某一产品是本源产品,那么该产品的综合净收益不仅包含自身收益,还包含一定比例的衍生产品收益;如果某一客户是本源客户,那么该客户的综合净收益不仅包含自身收益,还包含一定比例的衍生客户收益。与之相反,在计算衍生产品和衍生客户的综合净收益时,需要在自身收益中剔除一定比例,以显示被衍生关系。综上所述,在考虑客户与客户之间和产品与产品之间的衍生关系的前提下,量子级产品的综合净收益计量公式如下:

量子级产品综合净收益 = 量子级产品自身收益 + 量子级产品一级衍生收益 + 量子级产品二级衍生收益 − 量子级产品被衍生收益 　　(3-1)

其中,

量子级产品自身收益 = 量子级产品定价产生的收益 − 资金的机会成本 − 风险成本 − 时间成本(以资产类量子级产品为例) 　　(3-2)

量子级产品一级衍生收益 = 单一客户下由该量子级产品衍生的其他产品的自身收益 × 转换倍数$_i$ 　　(3-3)

量子级产品二级衍生收益 = (单一客群下该量子级产品对应客户衍生的其他客户的自身收益 + 一级衍生收益) × 转换倍数$_{ii}$ × 1/单一客群下该量子级产品对应客户实际发生量子级产品总数 　　(3-4)

量子级产品被衍生收益 = 单一客户下被其他产品衍生的该量子级产品的自身收益 × 转换倍数$_i$ + (单一客群下被其他客户衍生的与该量子级产品对应的客户的该量子级产品的自身收益 + 一级衍生收益) × 转换倍数$_{ii}$ 　　(3-5)

其中，转换倍数$_i$位于0和1之间，视本源产品对衍生产品作用的大小而定；转换倍数$_{ii}$位于0和1之间，视本源客户对衍生客户作用的大小而定，一般$ii<i$。且由于一级衍生关系涉及单一客户下不同产品之间的关系，二级衍生关系涉及单一客群下不同客户之间的关系，因此两级衍生关系可以覆盖所有衍生属性。

通过上述计算公式可知，银行在对量子级产品进行综合净收益计算的过程中，既考虑了客户、产品自身的收益情况，还考虑了客户、产品之间的衍生关系。通过上述公式计算得到的综合净收益，能够较为准确地计量量子级产品对银行的综合贡献情况。同时，由于对存在衍生关系的客户、产品进行了相应的"叠加"和"叠减"，上述公式不但能够计算出银行所有量子级产品的综合净收益，还能够保证综合净收益分割较为清晰。计算得到的数值具备不重、不漏的性质，因而可以在任意维度上进行加总计算。这里的维度既可以是客户层面的也可以是产品层面的，既可以是机构层面的也可以是区域层面的，即在计算相应维度的综合净收益时，将该维度范围内的所有量子级产品综合净收益简单加总即可。银行可以借助这一工具实现精细化价值计量，具体示例如图3-1所示。

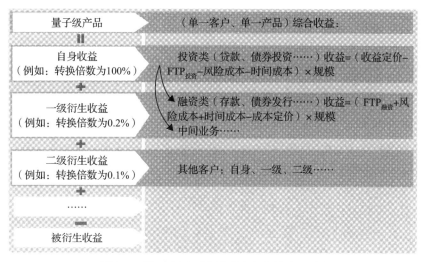

图3-1 基于量子级产品的综合净收益计量示例

为了方便阐释，下面通过微观案例进行说明。2020 年，客户 B 向银行 C 缴纳 20 元年费，全年共 6 次通过银行 C 信用卡进行消费，均在 1 个月内还清，且有一次多归还 5000 元，以作 1 个月后再次还款之用；客户 M、客户 N 向银行 C 缴纳 20 元年费，但未曾实际使用过银行 C 信用卡。

对于银行 C 而言，客户 B 在 2020 年实际发生的业务涉及 2 个量子级产品，即"通过支付年费获得额度范围内零利息短期信用贷款的权利（以下简称量子级产品 1）"和"活期存款（以下简称量子级产品 2）"，这两个量子级产品分别属于"中间业务类"和"融资类"。根据量子级产品的综合净收益计量公式，有：

量子级产品 1 自身收益 = 中间业务费用 =20 元（适用于客户 M、客户 B、客户 N）

量子级产品 2 自身收益 = 资金的机会成本 + 风险成本 + 时间成本 − 成本定价 =12.12 元（经测算的 5000 元 1 个月的低风险融资成本）− 0 元 =12.12 元（适用于客户 B）

进一步考虑客户和产品之间的衍生关系。为简化起见，假设单一客户下的转换倍数$_i$=0.2，单一客群下的转换倍数$_{ii}$=0.1，对于客户 B，有：

量子级产品 1 一级衍生收益 = 量子级产品 2 自身收益 × 转换倍数$_i$ = 12.12 元 ×0.2=2.424 元

量子级产品 1 二级衍生收益 =（客户 N 自身收益 + 一级衍生收益）× 转换倍数$_{ii}$×1/（客户 B 实际发生量子级产品总数）=（20 元 +0 元）× 0.1×1/2=1 元

量子级产品 1 被衍生收益 = 单一客户下被其他产品衍生的该量子级产品的自身收益 × 转换倍数$_i$+（被客户 M 衍生的客户 B 的量子级产品 1 的自身收益 + 一级衍生收益）× 转换倍数$_{ii}$=0 元 ×0.2+（20 元 +2.424 元）×0.1=2.2424 元

综上可得，客户 B 量子级产品 1 的综合净收益 = 量子级产品 1 自身收益 + 量子级产品 1 一级衍生收益 + 量子级产品 1 二级衍生收益 — 量子级产品 1 被衍生收益 = 20 元 +2.424 元 +1 元 –2.2424 元 =21.1816 元。

通过同样的方法可以得到客户 B 量子级产品 2 的综合净收益为 9.484 元，客户 M 的量子级产品 1 的综合净收益为 23.4544 元，客户 M 的量子级产品 1 的综合净收益为 18 元。将上述 3 个客户的综合净收益相加，即 21.1816 元 +9.484 元 +23.4544 元 +18 元 =71.12 元，恰好与银行账面收益相符，即 20 元 +20 元 +20 元 +12.12 元 =72.12 元。这说明量子级产品的综合净收益计量方法在考虑客户和产品衍生关系的同时，能够做到不重、不漏。

上文提到，在计算量子级产品的收益率时，银行需要计算资金的机会成本、风险成本、时间成本（主要涉及资产类和融资类产品）。下面分别介绍 3 种成本的衡量方式。

3.3.2 资金的机会成本衡量方式：基于 FTP 机制

为了确保分析清晰，本节基于资产负债表，对银行业务大类进行归纳（详见图 3-2）。

（1）**资产端**。根据交易对手不同，银行资产的流动性和收益率也不同，大致可以分为 5 类：

- 第一类是现金和存放央行的款项，交易对手是银行自身（现金）和央行（存放央行款项），这类资产收益率最低，是主动应对流动性危机的主要手段；
- 第二类是同业资产，包括存放同业、买入返售、拆出资金，这类资产的交易对手是银行同业，是银行持有的流动性较高、收益率较低的资产；

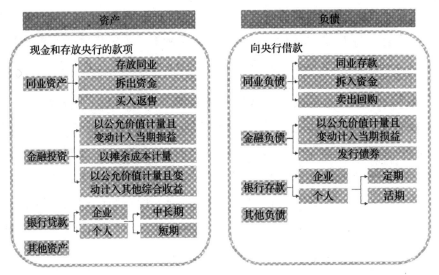

图 3-2 银行业务大类归纳：基于资产负债表

- 第三类是金融投资，包括以公允价值计量且变动计入当期损益、以公允价值计量且变动计入其他综合净收益、以摊余成本计量 3 类，这类资产的交易对手是其他金融机构，是银行持有的流动性、收益率相对平衡的资产；
- 第四类是银行贷款，这类资产是银行传统业务的直接体现，交易对手是企业或者个人，是银行持有的流动性较差、收益率较高的资产；
- 第五类是其他资产。

（2）负债端。根据交易对手不同，银行负债的融入难度和融入成本也不同，大致可以分为 5 类：

- 第一类是向央行借的款项，交易对手是央行，这类负债反映了央行对银行流动性注入的态度，具有较强的政策含义；
- 第二类是同业负债，包括卖出回购、同业存放、拆入资金，是银行从同业融入的资金，一般用于缓解短期流动性压力，融入难度较大，融入成本较高；

- 第三类是金融负债,包括以公允价值计量且变动计入当期损益、发行债券等,是银行从其他金融机构融入的资金,一般用于缓解中期流动性压力,融入难度、融入成本与同业负债相比有所下降;
- 第四类是银行存款,这类负债是银行传统业务的直接体现,交易对手是企业或者个人,是银行维持长期稳健经营的根本保障,融入难度和融入成本相对较低,且随着存款期限减少而降低;
- 第五类是其他负债。

从本质上说,银行是信用中介,因此与其他金融机构不同,将资金来源计入负债,表示对相关资金的安全和收益负有责任,同时将资金运用计入资产,并通过负债轧差直接影响所有者权益。换言之,银行经营管理主要依靠负债端(有时也会通过所有者权益端)吸纳资金,依靠资产端投放资金。

从上文提到的银行资产负债结构中可以看出,不论从资产端还是负债端看,银行主要投融资渠道均为中央银行、银行同业、金融市场、企业客户、个人客户等,且受资金供求关系影响,不同渠道的投融资收益率(成本率)不同。此外,受资金的流动性、违约率、规模、期限、区域、行业等的影响,同一渠道内部的投融资收益率(成本率)也不同。总体而言,银行可以看作一个借助各类融资渠道,将来自不同区域、行业且具有不同规模、期限的资金以不同的价格(成本率)进行汇集,并运用各类投资渠道,将不同规模、期限的资金以不同的价格(收益率)投向不同区域、行业的机构。在这个过程中,银行可以将不同期限的资金按照规模进行加价平均,分别计算出对于银行整体而言,不同期限融入和投放资金的平均价格,并可分别记作融资利率、投资利率。一般来说,融资利率<投资利率。

在内部资金转移定价机制(FTP)中,银行将融资利率、投资利率,作为衡量资金机会的基准。对于负债端而言,在相同期限下,只要融资资金的成本率高于融资利率,即可认为来自相关区域、行业的资金对银行成本造成拖累，反之亦反；同理，对于资产端而言，在相同期限下，只要投放资金的收益率低于投资利率，即可认为投向相关区域、行业的资金对银行收益造成拖累，反之亦反。由此可见，不同期限融入和投放资金的平均价格可以作为衡量资金机会成本的标准。

3.3.3 资金的风险成本衡量方式：基于 KMV 和 LMI 模型

本节介绍资金的风险成本衡量方式。对于银行融入和投放的资金而言，其面临的主要风险包括资金的信用风险和流动性风险两大类。

1. 信用风险

对于信用风险，银行主要关注资金运用端。当银行投放的资金不能按规定的时间、金额（本金＋投资收益）、方式回笼时，就表明相关资产出现信用风险。尤其当回笼的资金小于"本金＋融入成本"时，银行将因相关资产违约承受经营损失。

对于银行整体而言，每类资产的信用风险成本率可以用其预期损失率（EL）衡量。2008 年全球金融危机爆发以来，巴塞尔委员会鼓励银行运用内部评级法衡量资产信用风险。在内部评级法下，相关资产的预期损失率（EL）是违约概率（PD）、违约损失率（LGD）、违约风险暴露（EAD）、期限（M）的函数，即 $EL=PD \times LGD \times EAD$。其中，LGD 与担保、抵质押等第二还款来源有关，EAD 与融资、非融资类业务占比有关，衡量相对容易；而 PD 既与借款人的客观经营情况有关，也与借款人主观还款意愿有关，衡量相对困难。为了精确衡量银行资产 PD，这里引入 KMV 模型。

Merton 最先将期权定价的思想运用于借贷领域，认为借贷可以被解释为一项期权交易：当贷款人发放资金后，资金能否到期偿还主要取决于借款人，如果借款人按期偿还贷款，银行就可以收回本金并获得利息收入；如果借款人违约,银行将面临严重损失。KMV 模型是将借贷问题从借款人股权持有者角度进行考虑。这时,股东权益可以看成一个以债务总额为执行价格、以借款人资产价值为标的、以贷款到期日为执行日的看涨期权。如图 3-3 所示,借款人向贷款人融入的资金价值记为 OB。当借款到期时,若借款人的资产价值记为 OC,且 OC>OB,则借款人的股权价值将为 OC-OB;反之,若 OC<OB,则借款人无法履约。

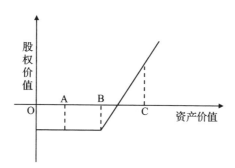

图 3-3 资金的风险成本衡量方式:基于 KMV 模型

因此,不论把借贷理解成买权还是卖权,违约都是内生的,即违约发生与否完全取决于借款人的资产价值,若资产价值具有波动性,则取决于最低资产价值与债务价值的大小关系。而借款人的资产价值取决于其股权的市场价值和股权债券结构;借款人资产价值的波动率则取决于其股权的波动率。在此框架下,银行的市值 E、市值波动率 σ_E、账面负债价值 D、资产价值 V_A、资产价值波动率 σ_A 的关系可以表达为

$$E = V_A N(d_1) - De^{-rT} N(d_2) \qquad (3\text{-}6)$$

其中,$d_1 = \dfrac{\ln\left(\dfrac{V_A}{D}\right) + \left(r + \dfrac{1}{2}\sigma_A^2\right)T}{\sigma_A \sqrt{T}}$,$d_2 = d_1 - \sigma_A \sqrt{T}$

上式中 r 为无风险利率,T 为时间。

对式（3-6）两边求导，再取期望，则函数形式表达为

$$\sigma_E = \frac{N(d_1)V_A\sigma_A}{E} \qquad (3-7)$$

联立式（3-6）和式（3-7），就可以得到一个联立方程组，该方程组中 E、σ_E、D、r 和 T 均可通过公开市场数据计算得出。其中，σ_E 可以通过历史法计算得到，市值日波动率 σ 的计算公式为

$$\sigma = \sqrt{\frac{1}{T-1}\sum_{t=1}^{T}(R_t - \overline{R})^2} \qquad (3-8)$$

其中，R_t 表示样本第 t 天对数收益率，T 表示当年的交易天数，年化股价波动率为

$$\sigma_E = \sigma\sqrt{T} \qquad (3-9)$$

综上，式（3-6）和式（3-7）组成的方程组仅有两个未知变量，即资产价值 V_A、资产价值波动率 σ_A，这是可以求解的，但方程不是线性方程，需要进行迭代计算。

接下来，求解银行违约触发点。当银行违约时，其资产价值大多位于短期负债与全部负债之间的某一水平上。该水平对应的价值就是违约触发点（DPT）。根据 KMV 公司的统计结果，违约触发点最可能等于短期负债加上长期负债的一半，即

$$DPT = STD + \frac{1}{2}LTD \qquad (3-10)$$

最后，求解银行违约距离（DD）和违约概率（EDF）。

$$DD = \frac{V_A - DPT}{V_A \times \sigma_A} \qquad (3-11)$$

违约距离与违约概率之间存在单一的映射关系，假设资产价值服从对数正态分布，则

$$\text{EDF} = N(-\text{DD}) \quad (3\text{-}12)$$

由于上市公司的资产价值往往并不服从正态分布，因此在 KMV 模型中建议采用经验值 EDF 代替理论值 EDF，即通过建立具有不同违约距离的上市公司的违约数据库，对各自的违约距离和预期违约概率建立映射关系。

需要指出的是，KMV 模型计算的对象是上市公司。对于银行而言，其资产端的客户往往是非上市公司，但是我们依然可以通过寻找类似公司的方式类比计算得出结果，即 KMV 模型也适用于非上市公司。

综上可知，通过 KMV 模型计算的预期违约概率 EDF 即内部评级法中的违约概率 PD，因此，在计算 PD 的基础上，可以进一步计算违约概率损失率（EL），进而得到每类资产的信用风险成本率。

2. 流动性风险

上文提到，银行经营管理主要依靠负债端（有时也会依靠所有者权益端）吸纳资金，依靠资产端投放资金。因此，负债端或者所有者权益端是资金的来源端，资产端是收益的来源端。要确保银行稳健经营，银行必须确保资金来源端对收益来源端进行源源不断的"补充"，以形成高效有序的资金循环体系。同时，一旦资金来源端出现异常"回流"，就必须确保收益来源端能够及时释放资金，确保资金实现动态平衡。因此，流动性风险既涉及资金来源端，也涉及资金运用端；既与银行自身业务结构和运作模式有关，也与整个宏观经济和金融市场环境有关。为了精确衡量银行流动性风险成本，这里引入 LMI 模型。

自 2008 年全球金融危机爆发以后，学者们开始关注银行系统流动性风险问题，即金融市场流动性对单一银行流动性的影响。Brunnermeier 等在

2011年首先提出流动性错配指数（LMI）的概念，并认为流动性错配不能等同于期限错配，提出在度量银行流动性风险时要考虑面临的金融市场环境，可通过LMI来综合度量银行面临的流动性错配程度，进而衡量流动性风险。Bai等在2017年进一步明确了LMI的计算过程，并结合美国实际情况，对银行资产负债表内外每一个细分科目赋予流动性权重，建立了涵盖全表信息的LMI模型，并在计算单一银行LMI的基础上，通过简单加总得到并分析整个市场流动性状况。LMI模型以全表管理为基础，既要考虑资金运用端的持有期限和变现能力，也要考虑资金来源端的偿还需求和融入压力；既要考虑债权的流动性，也要考虑股权的流动性；既要考虑表内各项业务对流动性的影响，也要考虑表外相关业务对流动性的影响。具体而言，LMI的定义式为

$$\text{LMI}_t^i = \sum_k \lambda_{t,ak} a_{t,k}^i + \sum_{k'} \lambda_{t,lk'} l_{t,k'}^i \tag{3-13}$$

其中，$a_{t,k}^i$与$l_{t,k'}^i$代表银行全表管理中资金运用端和资金来源端的金额；$\lambda_{t,ak}>0$，代表各项资金运用端的流动性权重；$\lambda_{t,lk'}<0$，代表各项资金来源端的流动性权重。

在资产端，有

$$\lambda_{t,ak} = \omega(1-m_{t,k}) \tag{3-14}$$

其中，$0<\omega<1$，ω是根据资产项目的期限等因素确定的资产大类的流动性敏感系数；$m_{t,k}$是相应资产在回购市场上的折算比例，用来反映资产所面临的市场流动性状况。两个参数共同作用，表明在度量资金运用端流动性状况时，将持有期限和变现能力均考虑其中：当一项资产的期限越短或变现能力越强时，所对应的流动性权重就越高，其对整体流动性贡献就越大；反之亦反。

在负债端，有

$$\lambda_{t,lk'} = -e^{-\mu T_{k'}} \tag{3-15}$$

其中，μ 表示资金来源端所面临的融入压力，通常使用金融市场利率与无风险利率间的差额来衡量；$T_{k'}$ 表示负债项目的期限。同样，两个参数共同作用，表明在度量资金来源端流动性状况时，将偿还需求和融入压力均考虑其中：当一项负债的期限越短或者资金融入难度越高时，所对应的负向流动性权重就会越高，流动性清偿压力就越重；反之亦反。

综上可知，LMI模型通过加权方式可以衡量每类资产、负债、所有者权益对流动性的贡献程度，通过简单加总可以衡量单一银行整体的流动性错配水平，进而可以衡量整个银行业的流动性错配水平。因此，对于单一银行而言，其可以运用LMI模型得到每类资产、负债流动性风险成本率。具体而言，每类资产项目的流动性风险成本率为 $1-\lambda_{t,ak}$，每类负债项目的流动性风险成本率为 $-\lambda_{t,lk'}$。

3.3.4 资金的时间成本衡量方式：基于利率期限结构模型

最后，我们介绍衡量资金时间成本的方式，为了便于大家理解，这里引入利率期限结构的概念。

利率期限结构模型是指某个时点的即期利率与到期期限的关系及变化规律，反映不同期限的资金供求关系，揭示市场利率的总体水平和变化方向。由于零息票债券的到期收益率等于相同期限的市场即期利率，从对应关系上来说，任何时刻的利率期限结构都是利率水平和期限的函数。当长期利率大于短期利率时，利率的期限结构向上倾斜；当长期利率小于短期利率时，利率的期限结构向下倾斜。因此，利率期限结构（即零息票债券的到期收益率与期限的关系）可以用一条曲线来表示，包括水平线、向上倾斜和向下倾斜的曲线，还可能出现更复杂的收益率曲线，即债券收益率曲线，这种曲线是上述部分或全部曲线的组合。收益率曲线本质上体现了债券的到期收益率与期限之间的关系，即债券的短期利率和长期利率表现的差异性。

银行可以通过以下步骤衡量资金的时间成本：首先，选取对标的市场利率指标，例如银行间市场回购移动平均利率；其次，根据该指标主要时点不同期限的即期利率水平及变化规律，绘制市场利率期限结构曲线；再次，结合场利率期限结构曲线计算主要时点不同期限之间的利差，即市场期限利差；最后，以市场期限利差作为衡量银行自身各类不同期限的资产、负债时间成本的标准。

3.4 基于零基预算的综合净收益分配

上文基于量子级产品的概念，通过梳理客户和产品衍生关系，以及计量单一客户单一产品的综合净收益，从而计量得到任一维度的综合净收益。本节主要讨论如何对综合净收益进行分配。

3.4.1 分配路径

笔者认为，综合净收益最终有如下几种分配路径。

（1）**整体分配路径**。由于基于量子级产品的综合净收益已经统筹考虑了机会成本、风险成本、时间成本等因素，故从银行损益表可知，在全行视角下，综合净收益主要有如下3种分配路径。

- **业务成本**，主要分配对象是银行经营管理内部。
- **各项税费**，主要分配对象是政府部门。
- **净利润**，主要分配对象是银行股东。

（2）**对业务成本路径进一步分解**。银行业务成本一般可以分解为如下 3 个部分。

- **人力成本**，主要用于支付员工各项薪酬。
- **业务费用**，主要用于支付银行经营管理过程中产生的各项费用。
- **资产折旧与摊销**，主要用于摊销前期固定资产投资。

（3）**对人力成本路径进一步分解**。银行的综合净收益是由金融产品产生的。但对于银行而言，金融产品的供给不仅涉及产品管理部门，还涉及客户管理等前台部门、风险管理等中台部门，以及资源支撑保障等后台部门，而相应的前中后台各部门内部可以根据职责进行进一步细分（为了简化，这里不再细分）。因此，银行在将综合净收益分配至人力成本层面后不能结束，而是需要根据金融产品的性质，以及各部门在金融产品供给中的贡献，决定各部门对于人力成本的分配比例。

3.4.2 分配方法

综合净收益在各路径上的分配方法如下。

（1）**将综合净收益看作业务成本、税费、净利润的函数**。将综合净收益作为税费、净利润的函数相对容易理解，前者由国家税费政策和银行业务结构决定，后者由银行战略和股利分配政策决定，两者基本上都与综合净收益存在正相关关系。而将综合净收益作为业务成本的函数，则需要引入"零基预算"的理念。零基预算是指，当期业务成本与上一期业务成本不存在任何关系，只与当期实际业务开展需要有关，即当期业务成本可以看作当期业务综合净收益的函数。由此可见，零基预算体现了多劳多得的理念，能够有效激励银行运用有限的人、财、物等资源赚取更多的综合净收益。

（2）**确定业务成本、税费、净利润的分配比例**。上文提到，可以将综合净收益看作业务成本、税费、净利润的函数，为了合理简化，笔者定义这种函数关系为正比例函数。只要确定相关比例，银行就可以确定综合净收益在上述领域的分配。需要指出的是，相关比例的确定涉及银行整体层面，而在量子级产品层面难以对其有效评估和计量。因此，银行可以将量子级产品综合净收益在全行层面进行加总，得到全行综合净收益水平，再结合近年来银行经营实际，将业务成本、税费、净利润作为自变量，将综合净收益作为因变量进行回归分析，近似得到相关参数，即分配比例。用同样的方式，银行可以进一步得到人力成本、业务费用、资产折旧与摊销在业务成本上的分配比例。最后，将从整体回归得到的各分配比例反过来应用到量子级产品，从而初步完成综合净收益在量子级产品层面的分配。

（3）进一步确定人力资本配置比例。上文提到，在银行金融产品供给过程中，银行内部各部门都不同程度地参与其中了。为了简化，这里假定银行中只有客户管理、产品管理、风险管理、资源支撑保障这4个大部门（进一步细化的部门可以按照相同方法配置）。由于对于不同的金融产品，相关部门发挥的作用不同，在确定人力资本分配比例时，银行需要对金融产品进行分类。

首先，为了合理体现新增产品、维持产品在供给中各领域贡献的区别，本书将金融产品分为新增类、维持类。对于新增类金融产品，客户管理（这里称为客户获取）最为重要，产品管理（这里称为产品设计）的重要程度次之，风险管理（这里称为授信审批）的重要程度居中，资源支撑保障的重要程度相对较低；对于维持类金融产品，风险管理（这里称为贷后管理）最为重要，客户管理（这里称为客户维护）的重要程度次之，资源支撑保障的重要程度居中，产品管理（这里称为产品维护）的重要程度相对较低。

其次，为了合理体现线下产品、线上类产品在供给中各领域贡献的区别，本书将金融产品分为线下类、线上类。上述讨论可以看作针对线下类金融产品。而对于线上类金融产品，其新增类产品在人力资本分配方面按重要性由大到小的顺序为资源支撑保障（这里称为科技支撑）、客户管理、产品管理、风险管理；其维持类产品在人力资本分配方面按重要性由大到小的顺序依次为资源支撑保障、风险管理、客户管理、产品管理。

3.4.3 计算公式

量子级产品的综合净收益分配可以用以下公式表示。

$$业务成本 = 综合净收益 \times I_1 \qquad (3\text{-}16)$$

$$税费 = 综合净收益 \times I_2 \qquad (3\text{-}17)$$

$$净利润 = 综合净收益 \times I_3 \qquad (3\text{-}18)$$

同时，

$$人力成本 = 业务成本 \times II_1 \qquad (3\text{-}19)$$

$$业务费用 = 业务成本 \times II_2 \qquad (3\text{-}20)$$

$$资产折旧与摊销 = 业务成本 \times II_3 \qquad (3\text{-}21)$$

进一步，

$$客户管理成本 = 人力成本 \times III_1 \qquad (3\text{-}22)$$

$$产品管理成本 = 人力成本 \times III_2 \qquad (3\text{-}23)$$

$$风险管理成本 = 人力成本 \times III_3 \qquad (3\text{-}24)$$

$$资源支撑保障成本 = 人力成本 \times III_4 \qquad (3\text{-}25)$$

且有，

$$\Sigma I_i = 1, \ \Sigma II_i = 1, \ \Sigma III_i = 1 \qquad (3\text{-}26)$$

同时，$III_1 > III_2 > III_3 > III_4$（以线下新增类金融产品为例）

其中，I_1 由银行面临的市场环境和战略决定，I_2 由国家税费政策和银行业务结构决定，I_3 由银行战略和股利分配政策决定；II_1 受银行面临的人才市场环境影响，II_2 受银行经营管理面临的商品、金融、土地市场环境影响，II_3 由银行战略布局和固定资产投资决定；III_{1-4} 由银行各部门对金融产品供给贡献决定。

为了方便阐释，下面通过微观案例做进一步说明。假设员工 A 是客户 B 在银行 C 办理普通信用卡的唯一信贷审批员。

根据 2016—2020 年银行 C 经营实际情况，这里分别将业务成本、税费、净利润作为自变量，将综合净收益作为因变量进行回归分析；将人力成本、业务费用、资产折旧与摊销作为自变量，将业务成本作为因变量进行回归分析，同时结合相关比例和为 1 的约束条件，可得：

- 在综合净收益中大概有 42% 分配给业务成本，13% 分配给税费，45% 分配给净利润；
- 在业务成本中大概有 60% 分配给人力成本，36% 分配给业务费用，4% 分配给资本折旧与摊销。

再具体到微观层面，客户 B 的综合净收益中能够分配给人力成本的有（21.1816 元 +9.484 元）× 42% × 60%=7.73 元。

由于客户 B 办理的信用卡业务为线下新增类产品，各部门在金融产品供给中的贡献的重要程度由高到低依次为客户管理、产品管理、风险管理、资源支撑保障。不妨假设这几项对应的综合净收益分配比例分别为 30%、30%、25%、15%，那么员工 A 作为客户 B 在银行 C 办理普通信用卡的唯一信贷审批员，审批该项目应获得的综合净收益分配应该为 7.73 元 × 25%=1.92 元。通过上述方法，银行可以得到每个岗位每位员工每项工作的回报，真正实现了精细化价值分配（详见图 3-4）。

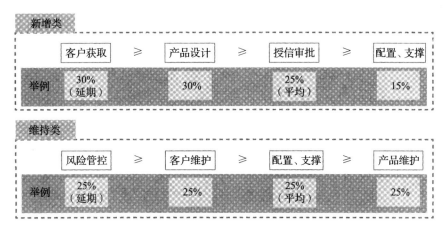

图 3-4 基于量子级产品的人力成本分配举例

3.5 基于量子级产品的综合利润加总

上文介绍了量子级产品综合净收益、业务成本的计算方法。如果将量子级产品的综合净收益与其业务成本相减，可以得到该量子级产品的综合利润。由上文论述可知，量子级产品的综合利润也是其综合净收益的函数，为简化起见，这里假设该函数为正比例函数。由于量子级产品是单一客户的单一产品，且相关综合净收益计算过程中充分考虑了各产品、各客户之间的本源与附带关系，因此量子级产品综合利润也具备不重不漏的性质。银行对任意范围量子级产品综合利润进行加总，即可得到该范围内量子级产品的综合利润。

结合上文介绍业务结构时提到的关于集中度的分类方法，银行可以对行业、区域、客群、业务、机构、渠道等范围内量子级产品综合利润进行加总，得到相关业务在中观视角的经营成果。例如，对于信用卡业务而言，从行业视角，银行可以计算全行信用卡客户中从事金融行业的客户的综合利润；从区域视角，银行可以计算全行信用卡客户中长三角地区客户的综合利润；从客群角度，银行可以计算全行信用卡客户中"80后"客户的综合利润；从业务角度，银行可以计算全行普通信用卡业务的综合利润；从机构角度，银行可以计算全行支行层面信用卡业务的综合利润；从渠道角度，银行可以计算全行线上渠道销售的信用卡业务的综合利润。

此外，银行可以对上述行业、区域、客群、业务、机构、渠道 6 个维度进行多次交叉，进一步细化各维度内部的经营成果分析。例如，可以进一步分析所有支行中通过线上渠道销售的信用卡业务的综合净收益情况，也可以进一步分析从事金融行业的信用卡客户中"80 后"客户综合净收益情况。由此可见，将量子级产品综合利润在中观维度上进行叠加和细分，可以较为准确地反映银行各领域、各环节经营成效，从而为银行管理财务精细化奠定基础，也可以推动将相关资源配置到经营效益更高的领域，从而为银行提升整体经营质效奠定基础（详见图 3-5）。

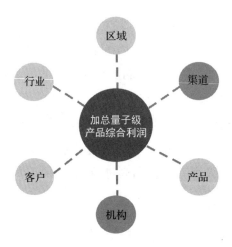

图 3-5　基于量子级产品的综合利润加总

3.6　基于财务的战略管理

上文指出，对银行内部管理的讨论既要考虑当前情况，也要考虑未来情况和过去情况，对未来情况的预见涉及银行战略管理，对过去情况的反映涉及银行财务管理。需要指出的是，不论是战略目标的制定、战略目标的实施，还是战略目标的评估，都离不开财务管理。财务管理是连接战略管理与经营管理的重要纽带，是确保经营管理沿着战略目标方向推进的重要手段。

3.6.1　战略目标在财务、业务层面的分解

当前，各家银行认真对照国家政策导向、宏观经济环境、金融监管要求和金融行业发展趋势，紧密结合自身业务结构和内部管理实际，制定了富有特色的中长期战略目标，并紧密围绕相关目标，扎实推进体制机制改革和经营管理模式转型，且已取得良好成效。但个别银行的战略目标仍缺乏明确的财务指标，导致相关战略目标在经营管理层面分解不够细致、落地不够到位。本书将以几个常见的战略目标为范例，介绍战略目标在财务、业务层面的分解。财务层面的分解一般涉及损益表指标，业务层面的分解一般涉及资产负债表及其他更细致的指标。

（1）**资产管理**。资产管理与财富管理的概念相近，但侧重点略有不同，前者涉及银行资产配置能力，强调资产的保值与增值；后者涉及银行财富吸纳能力，强调财富增长与传承。不论是资产管理还是财富管理，二者都是银行的表（资产负债表）外业务，因此，在财务层面可以将资产管理或财富管理产生的中间业务收入作为分解指标，在业务层面可以将管理的客户资产规模（AUM）作为分解指标。

（2）**全球服务**。全球服务不仅是服务范围的扩大，也是服务领域的延伸。当前为了满足全球客户全方位金融需求，银行需要提供跨周期、跨地域、跨市场的金融产品，涉及本外币、离在岸、线上线下的服务体系，相关财务、业务指标不仅要涉及上述产品和服务的收益和规模，还需要涉及上述产品和服务之间的协同配合情况，从而推动银行一体化服务能力提升。

（3）竞争力。银行竞争力源于提供差异化金融产品和服务的能力。只有有了差异化金融产品和服务，银行才能在市场上拥有坚实的客户基础和有利的议价空间。因此，在财务层面，我们可以将竞争力提炼为盈利能力（例如净资产收益率等）和风险管控能力（例如资本充足率等）等指标，或者进一步提炼为更为综合的风险收益指标（例如风险调整资本回报率、经济附加值等）、资本市场表现指标（市价盈利比例等）；在业务层面，我们可以将竞争力提炼为差异化产品在业务中的占比和变化情况等。

（4）数字化。本书开篇指出，"数字化银行"是数字与银行的融合，不但强调信息技术的基础作用，更强调以数字理念重构经营管理架构、流程和工具，从而打造标准化经营管理体系，为今后高质量发展奠定基础。因此，在财务层面，我们可以将数字化提炼为银行通过架构、流程和工具重构提升经营效率和盈利的能力的过程；在业务层面，我们可以将数字化提炼为银行经营管理活动与数字资产相互转化的能力。

综上所述，对银行的战略目标在财务、业务两个层面进行分解，不仅要确定战略目标对应哪些财务、业务指标，还要确定什么时间达到什么标准的财务、业务指标，只有这样才能确保银行以战略目标为指引，才能从整体推进战略目标达成（详见图3-6）。

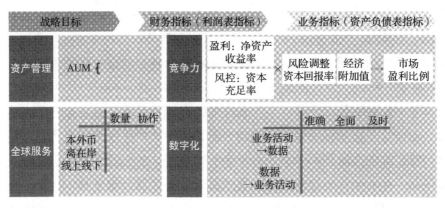

图3-6 战略目标在财务、业务层面的分解

3.6.2 战略目标在财务、业务层面的推进

在战略目标确定后,如何将战略目标在经营管理层面分解、落地,确保战略目标有效达成呢?笔者认为可以通过以下步骤实现。

(1)在结合战略目标确立什么时间达到什么标准的财务、业务指标后,我们可以将相关财务、业务指标在时序上进行分解,从而确定银行整体的财务、业务指标现状与财务、业务目标之间的差距。

(2)对相关财务、业务指标现状在银行中观层面进行分解,从行业、客群、区域、业务、机构等角度分析全行哪些层面对相关财务、业务指标贡献大,能使其正向变化快;哪些层面对相关财务、业务指标贡献小,会使其正向变化慢。然后,据此在内部结构上找出现状与目标之间的差距。

(3)将各项资源向对财务、业务指标贡献大的行业、客群、区域、业务、机构倾斜,确保全行各项资源在战略目标方向上产生最大效益。具体而言,对于业务成本资源的配置,可以调整基于量子级产品综合利润分配的系数,以加大相关领域人员收入和业务费用;对于资产负债资源的配置,可以调整 FTP(资金转移定价)计价规则,以降低相关领域获得资金资源的机会成本;对于资本资源的配置,可以调整资本配置方案,以提升相关领域资本充足率水平。上述内容可用图 3-7 所示表示。

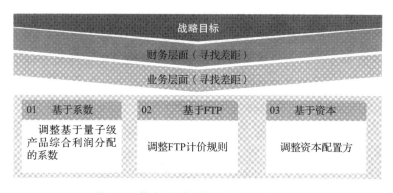

图 3-7 战略目标在财务、业务层面的推进

3.7 基于财务的风险管理

银行财务指标中不仅有反映盈利能力的指标,也有反映业务规模和结构的指标,还有反映风险水平的指标。同时,这些指标内部存在紧密的逻辑关联,这说明银行盈利能力、业务布局、风险管理之间存在密不可分的关系。银行可将相关财务指标之间的关联作为指引,统筹做好经营管理与风险管理,确保合规稳健经营。下面简要介绍一下银行各项指标之间的逻辑关联。

(1)**从 MPA 考核出发**:近年来,为了有效应对经济金融环境变化、做好宏观审慎管理,中央银行出台了宏观审慎评估体系(MPA),涵盖资本和杠杆、资产负债、流动性、定价行为、资产质量、外债风险、信贷政策执行 7 大方面,对银行重点领域广义信贷资产规模和结构做了较为严格和细致的规定。

(2)**对净利润的影响**:以 MPA 考核为指引,结合国家政策导向、宏观经济环境和自身战略目标,积极调整业务结构,不断优化重点领域经营布局,成为银行净利润持续增长的重要基础。

(3)**对流动性的影响**:银行在确定重点领域广义信贷资产规模和结构的同时,要确保自身流动性安全,或者说要确保流动性覆盖率等指标符合监管要求,这就要求银行必须通盘考虑其他资产负债的资源摆布情况,结合全行负债端资金吸纳能力和未来回流情况,合理安排高流动性、低收益率的资产持有比例,从而对净利润增幅形成一定影响。

(4)**对资产质量的影响**:受宏观经济增速放缓和产业结构调整影响,银行资产投放存在不确定性,不良贷款占比可能出现上升。在这种情况下,银行要么随着不良贷款占比上升而增加拨备计提,但这样做会对净利润增幅形成负面影响;要么为确保净利润增幅而放缓拨备计提,但这样做可能导致拨备覆盖率低于监管标准。

(5)**对资本充足率的影响**:从资本充足率的构成角度看,净利润是资本充足率的分子的内源性补充来源;而流动性风险、信用风险的上升无疑会导致资本充足率分母值增加。因此,作为 MPA 考核落脚点的资本充足率,反映了银行盈利能力、业务布局、风险管理各个方面的情况,是银行经营管理水平的综合体现。

第4章 | CHAPTER 4

银行业务与机制融合——模型化

对于银行而言，经营管理是数字化转型的内在核心。从当前情况看，许多银行的经营管理机制不够完善，从而造成银行整体效率不高，离数字化转型目标仍有较大差距。经营管理机制不完善表现在如下几个方面。

（1）**产品建模方面**。产品分解不够细致，银行产品在客户销售端、风险管理端、价值计量端的颗粒度不一致，难以支撑标准化价值衡量规则的建立；产品货架不够完整，银行难以通过有效的方式梳理全量产品，导致部分维度的产品供给缺失，难以有效满足多样化客户需求；产品整合不够灵活，难以通过组件化、参数化方式实现产品快速组装，难以有效响应市场变化。

（2）**授信管理方面**。在数字化转型背景下，银行对授信客户信息的获取更加全面、及时、准确，从而对于授信客户的行为模式、关系网络有更加深入的洞察，这为打破原有风险管理框架奠定了基础。但目前多数银行仍然在沿用传统的风险管理模型，所以对于这些银行来说，在理念、技术、制度层面仍需寻求突破。

（3）**业务流程方面**。在数字化转型背景下，为了有效处理海量信息，"中台"理念应运而生。中台强调重点业务环节高度复用，以提升经营管理质效。而要形成可高度复用的中台，我们需要在对全行业务底层逻辑进行深度梳理的基础上寻找规律。目前，许多银行在一些业务上初步建立了中台概念，但与全行层面的"大中台"相比仍有距离。

前面的章节介绍了"3-4-3"框架，并运用系统思维梳理了银行经营管理各领域、层面、环节之间高效运作、深度融合的逻辑基础；同时，探索了标准化的价值衡量工具，从财务角度建立了银行经营管理各领域、层面、环节高效运作和深度融合的动力基础。本章将在上述内容的基础上，从银行经营管理实际操作的角度出发，对各重要业务机制进行分解和归纳，以期形成产品模型、授信模型和流程模型，塑造"模型化"产品工厂、模型工厂、流程工厂，从而推进银行经营管理各领域、层面、环节高效运作和深度融合。

4.1 产品模型

建立产品模型，能够确保银行在产品供给时实现以下目的。

- 确保产品颗粒度在客户销售端、风险管理端、价值计量端一致，支撑标准化价值衡量规则的建立。
- 可以通过有效的方式梳理全量产品，确保各维度产品充足供给，有效满足多样化客户需求。
- 可以通过组件化、参数化方式实现产品快速组装，确保提升产品供给效率，有效响应市场变化。

因此，本节主要包括3方面的内容：量子级产品构建，以期获取最小颗粒度产品；产品货架构建，以期通过数字标签提升可视化程度；产品工厂构建，以期通过组件化、参数化设置，完成产品组装的流水线作业。

4.1.1 量子级产品构建：五级分解法

由第3章可知，对于银行而言，在客户层面和产品层面都无法再细分的产品，被称为量子级产品。从量子级产品的定义出发，我们可以得到量子级产品的构建规则。该规则聚焦单一客户（这里说的单一客户既可以是企业客户，也可以是个人客户），并针对单一客户分解量子级产品。由于银行产品体系较为复杂，且同一产品可能包含多个收益大类和服务功能，因此我们可以从业务类别、产品名称、收益大类、服务功能4个方面对量子级产品进行层层分解。其中，业务类别对应银行产品大类，例如信用卡业务；产品名称对应银行具体产品，例如普通信用卡；收益大类对应银行产品收入来源性质，一般分为资产类、融资类、中间业务类；服务功能对应银行服务的最小单位，例如普通信用卡收益大类中包含资产类、融资类、中间业务类，而通过支付年费获得额度范围内零利息短期信用贷款的服务功能属于中间业务类，这项服务就是最小单位的服务。

为了方便阐释，下面通过微观案例进行说明。假设客户B通过线下方式在银行C申请办理了一张普通信用卡，透支额度为10万元。

根据量子级产品的定义，我们需要解析单一客户的单一产品。对于银行C而言，在客户层面，客户B已经是不可再分的"单一客户"了，那么在产品和服务层面，普通信用卡是否也是不可再分的"单一金融产品"呢？答案是否定的。因为信用卡只是银行产品和服务的一种介质、一个载体，客户B在办理了信用卡这个介质或者载体后，实际上综合接受了银行C多个金融产品与服务。

（1）客户B可以通过信用卡实现资金（最大额度为10万元）短期（最大期限为1个月）透支。如果上述行为发生，可以理解为银行C给客户B提供了一笔短期信用贷款，如果客户B在1个月内还清，则不需要向银行C支付任何利息。但为了获得这样的便利，客户B每年需要向银行C支付年费（在满足一定条件时可减免）。因此，这里解析出信用卡里的第一个金融产品或服务：通过支付年费获得额度范围内零利息短期信用贷款的权利。

（2）如果客户B没有在规定期限内足额还清透支的金额，银行C将根据客户B透支的金额和时间，向客户B收取违约金，直到客户B还清所有透支资金和所欠违约金为止。这实际上是以支付违约金为代价，延长了信用贷款的期限。因此，这里解析出信用卡里的第二个金融产品或服务：通过支付违约金获得延长信用贷款期限的权利。

（3）客户B可能在开始的时候就意识到，自己透支资金后无法及时足额偿还，于是选择通过分期付款的方式来偿还资金。分期付款实际上是客户B在银行C获取长期信用贷款的行为。客户B需要分期偿还一定比例的本金，并支付相应的分期付款手续费（实际是长期借款的利息）。一般而言，分期付款手续费远小于违约金。因此，这里解析出信用卡里的第三个金融产品或服务：长期信用贷款，条件是支付利息、分期偿还本金。

（4）客户 B 在偿还透支资金时，出于各种原因可能会多存入一部分资金，比如为方便计算而取整、为防止下次偿还困难等，这部分多存入的资金会留存在信用卡中，用以抵消下一次透支资金。目前，大部分银行不会因这笔多余的资金向客户支付费用，即这笔资金可以理解为活期存款。因此，这里解析出信用卡里的第四个金融产品或服务：活期存款。

（5）为满足实际交易需要，客户 B 还可能凭借信用卡在 ATM 机上进行取现（取现金额一般不超过可透支金额的一定比例），但需要向银行 C 支付一笔取现手续费，并根据取现金额每天支付利息。这里相当于银行既提供了取现的服务，又提供了贷款的产品，是一种复合金融服务和产品。因此，这里解析出信用卡里的第五、第六个金融产品或服务：取现服务，并提供现金贷款。

当然，在客户 B 使用信用卡的过程中，还存在银行 C 与商户之间、银行 C 与其他银行之间（其他银行的 POS 机、ATM 机等介质）、银行 C 与银联之间的利益连接和交易规则，但量子级产品定义的起点是单一客户，因此，单就客户 B 的价值计量而言，银行与上述关联方之间的交易行为暂不列入本书考虑范围内。由此可见，客户 B 在银行 C 申请办理的普通信用卡，至少可以解析出 6 种金融产品或服务，分别是：通过支付年费获得额度范围内零利息短期信用贷款的权利、通过支付违约金获得延长信用贷款期限的权利、长期信用贷款、活期存款、取现服务、现金贷款。这 6 种金融产品或服务已经不可再拆分，因此可以理解为量子级产品（详见表 4-1）。

表 4-1 量子级产品五级分解法：以信用卡为例

客户名称	业务类别	产品名称	收益大类	服务属性
客户 B	信用卡业务	普通信用卡	资产类	长期信用贷款
				现金贷款
			融资类	活期存款
			中间业务类	通过支付年费获得额度范围内零利息短期信用贷款的权利

(续)

客户名称	业务类别	产品名称	收益大类	服务属性
客户B	信用卡业务	普通信用卡	中间业务类	通过支付违约金获得延长信用贷款期限的权利
				取现服务
		...		
	...			
...				

量子级产品的解析实际上是从客户层面和产品层面对银行业务进行细分，同时对客户的其他属性（例如所属行业、所在地区等）、产品的其他属性（例如所属机构、营销人员等）等重要信息进行纵向并联。下一步，我们可在计算出量子级产品综合净收益和综合成本的基础上，在不同层面（客户、产品、行业、地区、机构、人员等）进行删选和加总，从而直接得到不同层面的经营业绩。

4.1.2 产品货架：数字标签

对于综合化经营的银行而言，其产品相当丰富，既包括资金类产品，也包括服务类产品。在资金类产品中，既有融资性质的产品，又有投资性质的产品；在服务类产品中，既有金融性质的产品，也有非金融性质的产品。综上所述，银行各类金融产品和服务共同组成产品线或产品货架。对于个人或者公司而言，其可以根据某家银行产品货架，判断是否需要成为该家银行的客户；对于银行客户经理而言，其可以根据本行产品货架，向现有客户推介增值服务，或者为潜在客户提供服务体验；对于产品组合经理而言，其可以充分运用本行产品货架，创造个性化产品和服务组合，从而最大限度满足客户需求。银行的产品线或产品货架越丰富、越细致，就越有可能满足客户个性化需求，并形成较好的排他性和竞争力。

那么，如何搭建银行产品货架呢？对于投资类产品而言，我们可以从风险和预期收益两个维度同时考察相关产品的性质。根据金融学理论可知，在金融市场均衡的条件下，金融产品的风险与预期收益是正向相关的。对于银行而言，存款、债券、理财、保险、基金、信托、期货等投资类产品的风险和预期收益从前到后依次呈现递增的态势。对于融资类产品而言，我们可以从期限和规模两个维度同时考察相关产品的性质。从融资客户角度看，银行最关心的问题就是可以融入多长时间、多少资金。对于银行而言，各种融资类产品可以提供资金的期限和规模是不同的，例如，租赁类产品的资金期限和规模均较高，信用卡类产品的资金期限和规模均较低，而贷款、债券投资类产品的资金期限和规模可选择空间较大。对于金融服务而言，我们可以从提供相关服务需要具备的专业化水平方面进行考察。支付结算类业务、资产管理类业务、投资银行类业务、财务咨询类业务的专业化水平从前到后依次递增，相关金融增值服务依次递增。

银行只有按照一定逻辑搭建产品货架，才能够发现自身在哪些领域具有优势、在哪些领域仍有发展空间。银行只有进一步丰富和完善产品线或产品货架体系，才能有效提升综合化、专业化服务能力。产品货架及数字标签的示意如图4-1所示。

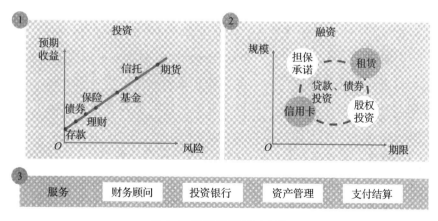

图4-1　产品货架及数字标签

4.1.3 产品工厂：个性化定制与流水线组装

从本质上讲，银行是一个提供金融产品和服务的部门，而提供什么样的金融产品和服务是由客户需求决定的。不论是个人客户还是企业客户，不论是现有客户还是潜在客户，其需求都是不尽相同的。但从金融视角出发，相关客户需求都可以归纳为以下 6 个方面。

（1）**预期收益**。我们可以从两个层面理解预期收益。一方面是客户需要的收益，这个收益是硬约束，水平高低与客户未来资金支出计划相关；另一方面是客户想要的收益，这个收益是软约束，水平高低与客户对金融市场走势、银行服务能力期望有关。

（2）**风险承担**。我们可以从两个方面理解风险承担。一方面是客户承担风险的能力，这个风险承担是现实层面的，与客户的资产结构、资金规模、资金流动性、投资期限等相关；另一方面是客户承担风险的意愿，这个风险承担是心理层面的，即客户对未来面临的不确定性或者波动性持有什么样的态度，这与客户的性格、年龄、认知水平、工作性质等相关。大多客户是风险厌恶型的。

（3）**流动性需求**。这体现为客户为了应对确定和不确定的资金支出，需要在当前和未来以怎样的方式、怎样的频率来获得多大规模的资金支持。这既与客户未来资金支出计划有关，也与客户对未来生活的预判有关。

（4）**期限**。这体现为客户对金融产品和服务的需求可以覆盖多长时间。不论是投资行为还是融资行为，客户的立足周期长短均可能不同，有的立足长期，有的立足短期，这与客户自身流动性需求和客户对金融市场走势期望有关。

（5）**税收**。这体现为客户是否能够通过金融产品和服务，在满足获得收益、规避风险、提供流动性等需求的同时，合理合法规避或降低税收成本。

（6）**其他**。例如客户期望通过金融产品和服务，实现资金地区间转移或者代际间传承等。从实际操作角度看，客户经理应以"了解你的客户"为导向，通过与客户深度沟通，将客户信息归并到以上几个方面，从而全面、精准刻画客户个性化需求，进而为银行提供综合化金融产品和服务奠定基础。

从本质上讲，作为金融产品和服务的供给部门，银行的生产原料就是资金和服务，生产方式就是通过各类产品去定义资金的规模、流通时间、流通价格，以及服务的性质、价格等，而组装方式就是根据客户需求从整体上确定与客户对接的各类产品和服务在规模、时间、价格上的供给参数。本书将通过以下步骤分析在实际操作过程中，银行如何实现金融产品和服务模型化生产。

（1）**获取生产原料**。银行生产原料的获取主要依靠两个方面：通过财务经理筹措募集全行资金，通过战略经理申请拓展全行服务资质。

（2）**将生产原料加工成产品组件**。银行不同类型的产品经理可以根据银行现有的资金规模和服务资质，结合各类产品特点完成相关资金和服务参数的确定，从而将生产原料加工成不同类别的产品组件。

（3）**将产品组件组装成最终产品**。截至上一步，银行已经掌握了客户的个性化需求，并配备了不同类别的产品组件。如何实现两个方面的有效对接那就是产品组装经理的职责了。产品组装经理需要严格对照客户需求，确定产品组装参数，即确定需要配备哪些产品组件，各类产品组件的规模如何、占比如何，以及各类产品组件的期限、价格如何等，从而最大限度地满足客户需求。

这里介绍的个性化定制与流水线组装的产品工厂涉及银行经营管理的全部领域，覆盖银行整体运作的所有基本流程。前面只介绍了其中的主要环节，即客户需求和产品供给环节。在产品组装经理确定组装参数后（即完成产品组装），相关产品还需要经过授信审批等风险管理流程。为确保业务发展和风险管理等内部管理的有效运转，对资源配置和配套支撑也需要同时参与和跟进，至于业务管理（客户管理、产品管理）、风险管理、资源配置的流程模型如何搭建、如何运作将在后面的章节中介绍。

个性化定制与流水线组装的产品工厂示意如图4-2所示。

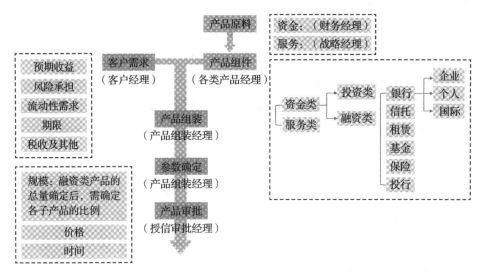

图4-2 个性化定制与流水线组装的产品工厂

4.2 授信模型：信息获取、特征提炼与逻辑重构

在数字化转型背景下，银行对授信客户信息的获取更加全面、准确、真实，对于授信客户的行为模式、关系网络有更加深入的洞察，因而可以打破原有授信管理框架，形成一体化授信。具体而言，这主要包括以下层面。

（1）**授信客户信息的获取更加全面、准确、真实**。在数字技术的加持下，银行服务通过场景和生态渗透到客户生产、生活的方方面面，以及客户关系网络的方方面面。与传统的存、贷、汇等较为单一的客户业务信息相比，银行对授信客户信息的获取更加全面、立体。同时，授信客户信息超出了原有只包含个人、企业层面损益情况、资产负债情况、现金流量情况等信息的范围。银行可以通过人工智能、物联网等技术，用"埋点"等手段，在"场景""生态"中实时获取各类"软信息""活情况"，这打破了传统的依赖定期财务报告获取信息、无法及时获取授信客户最新状况的限制。此外，由于银行获取的客户信息涵盖信息流、资金流、商品流等全量信息，不但难以被篡改，而且易于通过各类信息相互比对验证真实性，因而相关信息更加真实。

（2）**对授信客户特征的提炼更加到位**。银行获取的授信客户信息更加全面、准确、真实。在此基础上，通过神经网络、随机森林等机器学习模型对相关数据进行深度提炼，全面分析授信客户在行为模式、关系网络等方面的特征，可得到更精确的客户画像。一般而言，传统的授信模型主要用于判断授信客户的第一、第二还款来源。在数字技术加持下，授信模型的基本逻辑并没有发生变化，依然需要对授信客户的第一、第二还款来源进行预测。但是由于信息获取更加全面、准确、真实，银行预测的第一、第二还款来源也更加精确。例如，结合交易量、浏览量、问询量等信息，测算得出某个网上销售类企业第一还款来源较传统视角下的还款来源更加充足，那么可以降低对第二还款来源的要求；又如，结合水、电、煤等耗用信息，测算得出某个生产类企业第一还款来源较传统视角下的还款来源更加紧张，从而得出其可能存在财务数据虚假的问题，此时银行可及时终止相关授信行为，以防控风险隐患。

（3）**授信逻辑的构建、迭代更加便利**。在授信客户特征提取的基础上，银行可以进一步提炼主要特征，即哪些信息可以更好、更快地捕捉到客户行为和关系变化，并将这些主要特征作为解释变量，与真实资金需求（额度）、违约概率（利率）、最可能发生违约的时间点（期限）等被解释变量建立直接映射关系，从而得到全新的授信逻辑或者授信模型，为科学、合理预测风险趋势、获取风险补偿提供理论依据和工具手段。由于宏观环境、中观区域、行业状况、微观行为和心理动向都会随时间发生变化，因而相关授信模型需要及时验证、更新。模型的更新既可以是已有参数的调整，例如，在外部环境面临较大不确定性的情况下，将宏观经济下行的概率适当调高；也可以是解释变量的更替，例如，在房地产政策发生变化时，将银行对相关企业融资意愿降低这个因素考虑在内等。

为方便阐释，下面通过微观案例，对一体化授信思路和方法进行说明。客户 B 是银行 C 的客户，其在银行 C 有 3 类贷款业务，分别是按揭贷款、信用卡贷款和企业主经营贷款。对于传统模型而言，上述 3 类贷款业务的授信逻辑不同：按揭贷款以客户年收入为第一还款来源，以购买房产抵押作为第二还款来源；信用卡贷款以客户年收入为主要还款来源；企业主经营贷款以企业年收入为第一还款来源，以企业股权抵押为第二还款来源。

在银行 C 进行数字化转型之前，3 类贷款业务分别归属于不同的经营部门，即按揭贷款归属于个人金融部、信用卡贷款归属于信用卡部、企业主经营贷款归属于中小企业部，且每个部门之间的信息相对独立，这导致银行 C 对于客户 B 的特征提取较为片面、授信额度确立不够精确。具体而言，通过上述部门分别获得以下数据：从个人金融部可知，客户 B 所购房产价值 2000 万元，年收入 100 万元，从银行 C 获得按揭贷款额度为 1000 万元；从信用卡部可知，客户 B 年收入 100 万元，从银行 C 获得信用卡授信额度为 50 万元；从中小企业部可知，客户 B 拥有一家企业 D 的 100% 股权，当前股权价值 5000 万元，企业 D 年经营利润 500 万元，从银行 C 获得企业主经营贷款额度为 2000 万元。综上可知，客户 B 在银行 C 获得的整体授信额度为 3050 万元。下面介绍银行 C 数字化转型之后，授信模型会发生哪些变化。

（1）**信息获取与清洗**。经营部门之间信息打通，客户 B 的信息可以综合表述为：拥有一家企业 D 的 100% 股权，当前股权价值 5000 万元，企业 D 每年支付客户 B 工资 100 万元后可获得经营利润 500 万元；所购房产价值 2000 万元。通过银行服务场景可以得知，客户 B 为资深游戏玩家，拥有的游戏装备的市场价值为 1000 万元；通过开放银行体系可以得到客户 B 额外拥有价值 4000 万元的房产，目前在其他银行有 500 万元按揭贷款尚未还清；同时，通过对税务、工商等外部信息比对可知，之前获取的企业 D 经营利润、客户 B 收入信息虚假。从各项税率、费率等信息推算，企业 D 的年经营利润可能为 100 万，客户 B 的收入可能为 10 万元。

（2）**特征挖掘与提炼**。为了深入了解客户 B 的还款能力，银行 C 对有关客户 B 还款能力的信息进行深度挖掘和提炼，以期归纳出客户 B 的行为特征和其关系网络。客户 B 初始特征包括但不限于：客户 B 的年龄、性别、学历、工作经历、所在城市、行程轨迹、健康状况、持有金融资产规模、持有金融资产结构、持有虚拟（游戏）资产规模、持有虚拟（游戏）资产结构、持有股权投资规模、持有股权投资结构、持有房产价值、持有房产区位、工资收入、投资收入、其他收入、消费支出、投资支出、其他支出、税收情况、征信情况、资金交易对象、资金交易方式、资金交易频率、主要家庭成员信息、主要交易对手方信息、主要合伙人信息，企业 D 的成立时间、地址、所在行业主要竞争对手的信息、经营状况、市场排名，上下游企业信息和原材料信息、产品信息、在其他银行贷款的情况、在其他金融机构融资的情况、通过债券或票据等方式在金融市场融资的情况、重大资产投资情况、房地产投资情况、股权投资情况、税收情况、进出口情况、日常消耗品（水、电、煤）费用支付情况、员工信息（数量、年龄、收入情况）等。需要说明的是，上述特征的表述还较为模糊，银行需要在可得数据基础上明确统计口径。

（3）**逻辑重构与建立**。银行 C 可以通过签署附加约定条款的方式，对客户 B 各类拥有价值或可以产生收入的资产建立关联关系，例如，信用卡贷款的还款来源不仅包括客户 B 的年收入，还包括拥有的企业经营利润、股权价值等；按揭贷款的还款来源不仅包括客户 B 的年收入、抵押房产价值，还包括拥有的企业经营利润、股权价值等；企业主经营贷款的还款来源不仅包括企业的年收入、股权价值，还包括企业主拥有的其他资产。银行 C 可以将客户 B 作为一个整体进行通盘考虑，计算统一授信额度，而相关额度可以在信用卡贷款、按揭贷款、企业主经营贷款等不同业务中任意切割，从而打破传统授信底层逻辑。银行还可以通过逻辑回归模型、随机森林模型等，建立客户与真实资金需求（额度）、违约概率（利率）、最可能发生违约的时间点（期限）等客户特征之间的关系，找到最具有解释能力的特征变量，例如客户 B 的个人所得税的税率、资金交易对象、资金交易方式、资金交易频率、历史违约记录、企业 D 的税率等，以较好地描述客户行为特征和关系网络，据此银行就可以建立全新的授信模型并判断是否可以授信了，同时还计算授信的额度、价格、期限等。

上述过程的完整示意图如图 4-3 所示。

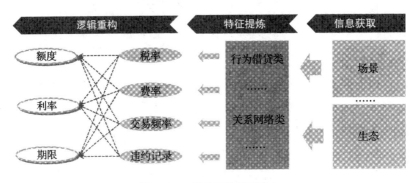

图 4-3　一体化授信模型建立

4.3　流程模型（一）：全链条概述

为了确保有效满足客户金融需求、实现高效金融供给，银行各经营管理环节需要协调配合、有序运作。根据第 2 章提供的"3-4-3"模型可知，银行全链条业务流程主要包括业务发展流程、风险管理流程、资源配置流程、配套支撑流程、战略管理流程、财务管理流程、内控合规管理等。本节将分别介绍上述各主要流程。

4.3.1　业务发展流程

不论是微观经济学还是宏观经济学，最基本的两个概念都是供给和需求。在市场经济体系中，供给和需求相互作用，共同决定均衡数量和均衡价格。在分析银行业务发展模型化时，我们同样可以借用供给和需求的概念。前面在介绍产品工厂时指出，从本质上讲，银行是一个提供金融产品和服务的部门，而提供什么样的金融产品和服务取决于是客户需求。因此，银行业务发展有两个基本层次：一个是客户需求，另一个是产品（或服务）供给。

银行客户管理主要对接客户需求：一方面是满足现有客户的现有需求（这部分内容在前面已经介绍过了），另一方面是挖掘现有客户的潜在需求和潜在客户的需求（相关内容将在后面的章节做深入探讨）。

银行产品管理主要涉及产品供给。首先，要做好各类产品组件准备，完善银行产品线和产品货架（相关内容在 4.1.3 章节已经介绍过了，下面会做进一步探讨）；其次，综合客户需求参数，运用各类产品组件，确定产品组装参数，最大限度满足客户需求（相关内容在 4.1.3 章节已经提及）；最后，根据客户生命周期，优化产品生命周期管理，确保现有产品安全平稳运作、未来产品及时更新迭代（相关内容将在下面介绍）。

4.3.2 风险管理流程

银行风险管理可以分为 3 个层次。

第一个层次是授信管理。对于产品组装经理根据客户个性化需求设计的综合金融产品和服务，授信经理要根据全行战略目标、风险偏好和授信指引，结合宏观的国家政策和经济环境、中观的一二三次产业特征以及上中下游产业结构、微观的第一第二还款来源，来判断综合金融产品和服务是否合理，包括融资总量和结构是否合理、融资期限和定价是否合理等。需要指出的是，银行的授信管理是"集中统一"的。"集中统一"包括 3 个方面的含义：

- 根据上文介绍的三级运行体系，银行所有的融资类业务的审批都需要上升到总行层面。
- 根据上文提到的存在融资担保关系的客户，银行需将其视为一个客群，统一设定总的融资规模和比例。
- 对于综合化经营的银行而言，在设定客群层面总的融资规模和比例的时候，银行需要全面覆盖集团内部所有融资类产品，包括银行产品和子公司非银行产品、境内产品和境外产品、人民币产品和外币产品等。

第二个层次是全面风险管理。从内容上看，全面风险管理涉及银行可能面临的所有风险，包括信用风险、市场风险、流动性风险、操作风险、战略风险、合规风险、国别风险、声誉风险、并表风险等；从方式上看，全面风险管理强调对各类现代化风险管理工具和模型的运用，包括风险定义与识别、风险计量与压力测试、风险监测与预警、风险评估与管控等；从对象上看，全面风险管理覆盖银行业务全过程，包括客户营销、产品设计、授信审批、贷后管理、资产保全等。良好的风险管控要求银行在风险管理环节发现风险隐患后能够及时中止或纠正，同时及时推动全行开展相关或类似业务的风险排查工作。需要指出的是，与授信管理最终需要落脚到某个客户某个产品不同，全面风险管理需要有相对中观的视角，要能够从某个领域的风险隐患推测涉及全行的风险隐患，例如前面提到的集中度风险、系统性风险等，这样才能提升风险管理的前瞻性、有效性。

第三个层次是审计监督。审计监督是确保银行依法合规经营的有力工具，是银行内控管理的必要组成部分。为进一步提升银行风险管理水平，审计监督可以从3个方向进行延伸。

- **在管理架构上的延伸**。目前不少银行总行的审计监督都是针对分支行层面开展的。虽然经营管理的问题表现在基层经营机构，但根源在高层管理部门，因此建议内控和合规管理向总行延伸、向涵盖董监高的公司治理体系延伸。
- **在审计内容上的延伸**。目前不少银行的内控和合规管理针对的是相关领域是否符合法律要求、内控制度等，这在提升银行合规风险、操作风险管控水平上可发挥较大作用。鉴于银行是经营风险的机构，建议审计监督向全面风险管理延伸，以风险为导向开展工作。另外，由于许多风险问题是前期战略目标制定不合理或推进不到位积累形成的，建议审计监督向战略管理延伸，以战略为引领开展工作。
- **在成果运用上的延伸**。目前不少银行的审计监督重问题发现，轻问题管理，所以要做好相关问题的管理需要先做好问题的提炼归纳，然后督促问题的整改落实，最后强化问题的持续追踪。

4.3.3 资源配置流程

银行要合规且高效运营，需要经营管理各领域、层面、环节之间有效衔接、协同配合，这就需要将银行内部各项资源在相关领域、层面、环节之间合理配置。笔者认为，银行内部涉及的主要资源包括信贷规模、人力成本、业务费用、拨备计提、经济资本等，涉及的分配方向主要包括客户部门、产品部门、前中后台、上下级，如图4-4所示。

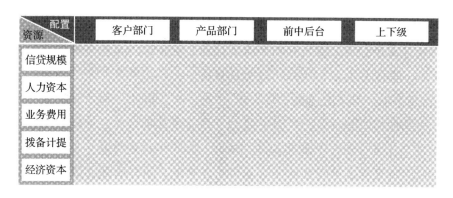

图4-4 资源配置流程

信贷规模主要涉及客户部门及产品部门之间的配置。由于量子级产品综合利润全面考虑了机会成本、风险成本、时间成本、人力成本、业务费用等，因此我们可以较为准确地衡量综合净收益水平。将基于量子级产品的综合利润在一定范围内进行加总，就可以得到某个客群、某类产品的综合净收益水平，记为 R。进一步将该客群、该产品的综合净收益水平 R 与该客群、该产品在该银行信贷规模总额 C 作商，就可以得到该客群、该产品在该银行信贷效率，记为 I，即 $I=R/C$。在此基础上，我们可以在全行范围内对相关客群、产品的信贷效率 I 进行排序，并优先配置信贷效率高的客群和产品，从而从整体上提升信贷资源配置效率。

人力成本、业务费用主要涉及客户部门之间、产品部门之间、前中后台之间、上下级之间的配置。首先，基于量子级产品综合净收益计量方法综合考虑了客户间、产品间的本源和附带关系，并通过叠加各级附带收益、累减各级被附带收益，实现了综合净收益在客户部门及产品部门之间的贡献划分。其次，全员计价体系构建方法综合考虑了客户管理、产品管理、风险管理、资源配置和配套支撑等内部管理基本面对经营管理的贡献，实现了人力成本在前台、中台、后台的贡献划分。最后，某项工作可能是由个人完成的，也可能是由团队完成的，如果是后者，还需要根据个人在团队中的贡献程度进行二次配置。

拨备计提和经济资本在客户部门及产品部门之间的配置。为了有效应对风险造成的损失，银行从财务管理层面主要采取计提拨备和经济资本两种方式，前者主要为了应对可预见的风险，后者主要为了应对不可预见的风险（包括极小概率出现的"黑天鹅""灰犀牛"事件）。由于基于量子级产品综合净收益计量方法已经综合考虑了资金的风险成本，而且相关预期损失是基于内部评级法计算获得的，因此，银行可以根据某个客群、某类产品的综合净收益水平配置计提拨备和经济资本，即将计提拨备和经济资本向综合效率更高的领域倾斜，从而提升整个银行的风险收益水平。

4.3.4 配套支撑流程

推进银行数字化转型，需要各类资源的配套支撑。这里所说的配套支撑主要包括数据、技术、渠道、人才等。首先，对于银行而言，数据不仅包括经营管理核心环节的财务数据，还包括银行经营管理各个领域、层面、环节的转化信息。实现数据高效安全地获取、转化、挖掘、共享、存储是银行推进数字化转型的基本条件。技术不仅涉及与各类硬件相关的信息系统建设，还涉及与各类软件相关的计算方法创新。当前银行主要通过人工智能技术、大数据技术、云计算技术、移动物联网技术、区块链技术等实现对银行经营管理各领域、层面、环节的技术支撑。其次，渠道是银行与客户接触的主要场所，是满足客户各项金融需求、不断挖掘客户潜在需求和潜在客户的前沿阵地。对于银行而言，渠道不仅包括线下渠道，还包括线上渠道；不仅包括固定渠道，还包括可移动渠道。最后，人才是银行实现数字化转型的核心要素。数字化人才不仅需要拥有运用各类硬件和软件系统的基础能力，还需要具备发现问题、分析问题、解决问题的能力，更需要培养创新、系统、转化、分解等思维。

4.3.5 战略管理流程

银行战略管理包括战略制定、战略执行、战略评估 3 个基本层次。

- 战略制定主要是指银行认真对照国家政策导向、宏观经济环境、金融监管要求和金融行业发展趋势，紧密结合自身业务结构和内部管理实际，制定中长期战略目标。
- 战略执行主要是指银行紧密围绕战略目标，扎实推进体制机制改革，持续加大重点领域重点资源配置倾斜力度和配套支撑水平，不断提升经营管理精细化水平，确保战略目标有效达成。
- 战略评估主要是指银行对照战略目标，及时、全面、准确评估当前战略推进情况，深入分析经营管理相关领域、层面、环节存在的问题和不足，有效完善战略执行措施，或者在必要时合理调整战略目标。

战略执行层次可以进一步分解为战略分解、战略融合、战略落地3个环节。

- 战略分解主要是指将全行中长期战略目标在不同维度上进行分解和细化。例如，在时间维度上，可以将5～10年的中长期战略目标分解为若干个1～3年的短期目标，从而确保战略推进过程可对照、可传承；在地域维度上，可以将全球的中长期战略目标分解为国际或国内、西部或东部地区、城市或乡村等局部目标，从而确保各地区经营机构经营管理目标清晰、明确；在业务维度上，可以将全行的中长期战略目标在客户层面、产品层面等进行分解，从而推动各经营管理部门进一步明确发展重点、优化发展举措。
- 战略融合主要是指将战略目标分解到地区、行业等维度后，相关地区、行业的经营管理部门要根据战略目标分解情况，紧密结合该地区、该行业的当前特点和未来发展趋势，制定富有特色、行之有效的战略推进举措，确保战略分目标、子目标有效达成。
- 战略落地主要是指银行各经营管理部门，根据各自战略目标分解情况，强化战略定力，突出战略执行，扎实推进既定举措，确保按时、足额完成战略任务。

战略管理的完整流程如图 4-5 所示。

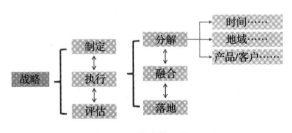

图 4-5　战略管理流程

4.3.6 财务管理流程

银行财务管理是银行数字化转型的重要环节。除了前面介绍的财务计量规则制定等核心工作外，财务管理还包括预算管理、决算管理、财务会计、管理会计等。

从节点上看，财务管理可分为预算管理和决算管理。其中，预算管理是期初对银行经营管理状况的预计。由于短期内经营环境、业务结构、内部管理等发生较大变化的可能性较低，因此银行可以根据财务指标当前表现预测财务指标未来趋势，这也是预算管理的理论基础。决算管理是银行期末对照预算管理，对实际执行情况进行的列示和分析。

从过程上看，广义的财务管理涵盖资源配置管理，即根据各领域、层面、环节的财务指标，确定对应的经营管理成效，从而确定各类资源（包括资产负债、人力资本、业务费用、计提拨备、经济资本等）在各领域、层面、环节的分配规则，进而确保经营管理体系高效运作、战略目标有效达成。

从功能上看，财务管理可以分为财务会计、管理会计。其中，财务会计便于投资者及时、全面了解银行经营管理情况，需要用市场认可的业绩指标展示经营管理成果。管理会计便于管理层深入、前瞻性地掌握银行经营管理情况。前面介绍了基于量子级产品进行综合利润加总的方法，提供了从管理会计视角分析银行内部各领域、层面、环节经营成果和成本支出情况的有效方法，这些都是为管理层进行科学、高效决策提供的有效工具。

财务管理的完整流程如图 4-6 所示。

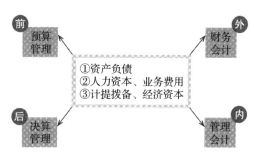

图 4-6　财务管理流程

4.3.7 内控、合规管理流程：从文化到制度

内控管理和合规管理共同构成银行的行为约束，且银行运作涉及一整套复杂的经营管理体系。内控管理和合规管理要发挥作用，就必须渗透到银行经营管理各领域、层面、环节。从银行经营管理体系角度看，内控管理和合规管理完成的是将相关政策、要求从上级机构（例如总行、分行等）有效传导至下级机构（例如分行、支行等）；从中后台部门（例如风险管理部门、资源配置部门等）有效传导至前台部门（例如客户管理部门、产品管理部门等）；将外在要求（例如内控合规制度等）有效转化为内在要求（例如内控合规文化等），从而确保在全行范围内内控和合规体系的有效运作（详见图4-7）。

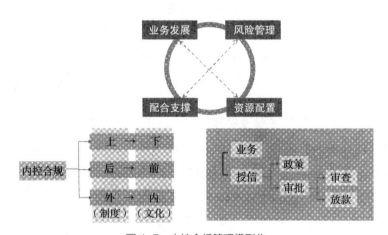

图 4-7 内控合规管理模型化

需要指出的是，为确保上述内控和合规管理体系有效运作，银行还需做一些具体的制度安排。

❑ 要做到岗位分离，包括业务发展岗位与风险管理岗位分离、授信政策制定岗位与授信审批执行岗位分离、授信审批岗位与资金发放岗位分离等。

- 要做到赏罚分明，即对于内控和合规管理执行不到位的机构、部门、员工要细化责任、严格惩戒，形成在全行范围内对内控和合规管理的刚性约束。

4.3.8 内控、合规与风险管理的关系：可视化展示

结合数字化理念，本书尝试用图示的方法，实现银行内控、合规和风险管理之间关系的可视化。根据金融学理论，在金融市场处于均衡状态时，金融资产的风险和预期收益正向相关。这里不妨将风险水平作为各项行为的衡量标准，并运用预期收益水平侧面反映各项行为风险水平的高低。因此，在以时间为横轴、预期收益水平为纵轴的坐标系中，初始点（即无风险行为状态）的预期收益水平应为无风险利率，记为 r_f。由 r_f 与时间共同作用形成的水平直线被称为无风险行为线。在无风险行为线上端有如下 3 条线：

- 一条线是合规约束线，因为对于行为而言，合规要求是底线，所以表现在预期收益水平上，合规约束线处于最高水平。
- 一条是风险偏好线，因为银行的风险偏好一方面不会发生剧烈波动，另一方面也会随经营环境变化有所调整，所以风险偏好线应该是一条非水平的直线或曲线，且位于合规约束线下方。
- 一条是实际行为线，虽然有合规管理的约束、有风险偏好的引导，但在实际操作过程中，银行的经营管理行为仍然可能出现偏差。从表现形式上看，实际行为线可能是一条在无风险行为线之上、围绕合规约束线和风险偏好线上下波动的曲线。

在上述内容的基础上，我们可以进一步描述银行内控、合规、风险管理约束与预期收益的关系：风险偏好线和无风险行为线之间的部分是银行以风险偏好为指引进行经营管理产生的收益，可以理解为银行的预期收益；

在风险偏好线和实际行为线之间的部分可以理解为银行由于行为保守而产生的损失（实际行为线位于风险偏好线之下，说明银行实际经营管理过于保守）；位于风险偏好线之上、合规约束线之下，且在实际行为线和风险偏好线之间的部分可以理解为银行由于行为激进而赚取的收益；位于合规约束线之上，说明银行实际经营管理行为已经触碰法律法规底线，将受到监管部门处罚，相关行为不可持续，故在实际行为线和合规约束线之间的部分可以理解为银行由于触犯法律法规而获取的违规收益。

综上，内控、合规与风险管理关系如图4-8所示。

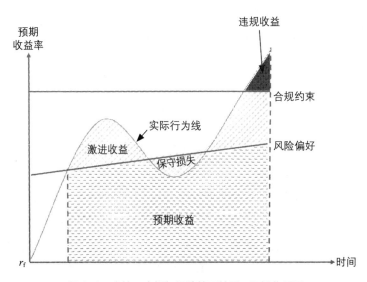

图 4-8　内控、合规与风险管理关系：可视化展示

较之合规管理，银行内控管理一般更加严格。内控约束线应该是位于合规约束线下方的一条直线。由于内控约束相关结论与合规约束的类似，故这里不再对其详细展开。

综上可知，银行需要以内控和合规管理为约束，以风险偏好为指引，合理确定自身行为方式，既不能触碰法律法规底线，影响银行正常运作；也不能一味保守，丧失赢得超额预期收益的机遇。

4.4 流程模型（二）：功能合并、模块提取与中台搭建

通过对银行全链条流程进行梳理发现，不论是业务发展、风险管理、资源配置、配套支撑、战略管理，还是财务管理，各环节都有部分共同或者公用的功能，例如无论是业务发展还是风险管理，都需要了解需求端客户的真实资质、供给端产品的生产质效；无论是资源配置、配套支撑还是战略管理、财务管理，都需要评估客户风险收益回报水平。

为了提升银行经营管理质效，我们可以将上述共同或者公用的功能进行同类项合并，提炼可以复用的模块，使相关模块跳出主干流程，与主干流程独立、并行。当需要使用相关功能时，通过路由自动连接至相关模块，从而使得在全链条业务流程内，共同或者公用的功能模块只出现一次，以提升业务效率。

从上述内容可看出，基于共同或者公用的功能组建的模块已经具备了中台的雏形，可以进一步搭建业务中台。需要指出的是，由于存在依次递进的关系，共同或者公用的功能所涉颗粒度往往较小，例如客户在银行存贷款功能。以这些功能为基础来提炼模型，所涉颗粒度会变大，例如客户金融投融资行为集合；而在模型基础上搭建的中台所涉颗粒度更大，例如客户整体画像。另外，颗粒度大小需要与整体业务效率平衡。颗粒度过小，共用点过多，会导致全链条流程反复次数过多，从而影响整体业务效率；而颗粒度过大，会导致难以体现个性化需求，降低复用性，这也会影响整体业务效率。公共模块提取流程如图 4-9 所示。

本书立足于中观层面，从模块角度出发，尝试归纳了银行常见的可复

用功能，包括客户体验模块、客户交互模块、场景和生态模块、客户动态成长模块、产品供给模块、风险计量模块等。

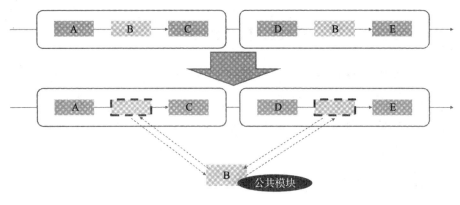

图 4-9　公共模块提取示例

4.4.1　客户体验模块：潜在需求挖掘

从本质上说，客户体验情况就是客户需求（包括潜在需求）的满足程度。因此，本书从客户需求（包括潜在需求）出发构建客户体验模块。上文介绍产品工厂时，从预期收益、风险承担、流动性需求、期限、税收、其他这六个方面提炼客户需求参数。这六个方面基本涵盖了银行客户需求的所有主要特征，但相关分析维度却局限于客户经济利益层面。一般来说，我们在分析客户需求时，会将客户需求分为与生存有关的基本需求、与发展有关的升级需求。这两大类需求基本涵盖了客户生活（个人客户）、经营（公司客户）所涉基本场景，但对客户需求的分析归纳仅局限于客户现有情况。下面尝试从更加宽泛的视角、更加本质的层面，对客户需求进行进一步探讨。对于银行而言，客户需求可以分为以下 6 个层次。

（1）**时间需求**。客户到银行办理业务，首先是希望节省时间，这正是近年来银行线下经营渠道逐步被线上经营渠道取代的重要原因。对于银行而言，其需要通过压缩信息流转时间、优化客户体验界面等方式，提升线上、线下金融产品和服务便捷程度，从而满足客户时间需求。

（2）**经济需求**。客户到银行办理业务，最重要的是获得经济回报。对于银行而言，其需要通过优化资产负债配置、提升资金运作效率等方式，提升客户金融产品回报率，从而满足客户经济需求。

（3）**情感需求**。客户到银行办理业务，需要被理解和尊重，甚至需要被关怀和认可。对于银行而言，其需要通过提升对客户的服务态度、提供增值服务等方式，提升客户满意程度，从而满足客户情感需求。

（4）**知识需求**。对于客户而言，银行在资金、信息等方面更具优势，客户到银行办理业务，希望在相关领域提升认知能力。银行需要通过加强客户教育培训、及时传递有效信息等方式，提升客户知识的深度、广度，从而满足客户知识需求。

（5）**资源需求**。银行是资金融通平台，在连接资金供求双方过程中，建立了广泛的社会关系网络。客户到银行办理业务，希望可以拓展资源渠道。银行需要通过搭建平台、对接渠道等方式，强化与客户的沟通交流，从而满足客户资源需求。

（6）**安全需求**。客户到银行办理业务，资金、信息等核心资产都被银行掌握，自然要求相关资产安全。银行需要通过提升风险管控能力、强化客户信息保护等方式，确保相关资产安全，从而满足客户安全需求。

综上可知，银行可以从时间、经济、情感、知识、资源、安全这几个维度挖掘和引领客户需求，通过全方位满足客户需求，提升银行金融产品和服务的排他性和竞争力（详见图4-10）。

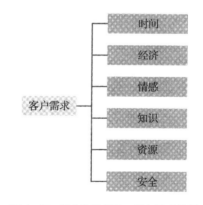

图4-10 客户体验模块：潜在需求挖掘

4.4.2 客户交互模块：潜在需求实现

由于渠道是银行与客户交互的主要场所，是满足客户各项金融需求、不断挖掘客户潜在需求和潜在客户的前沿阵地，因此，银行只有推动线上线下、固定移动渠道的相互融合，全方位满足客户各类金融需求，才能够提升客户服务体验，形成品牌优势，增强市场竞争能力。具体来说，对于线上渠道而言，银行可以借鉴下文即将介绍的产品货架的理念，建立线上标准化金融产品和服务超市，从而为客户节约时间、实现增值。对于线上线下渠融合而言，银行可以将客户经理与服务机具有机组合，以全球客户经理对接客户，以机具综合各类金融产品组件，从而实现"一站式"服务，为客户节约时间、实现增值。同时，客户经理与服务机具的有机组合不仅有固定形式的，而且有移动形式的，从而进一步拓展客户服务、客户挖掘的覆盖面。对于线下渠道而言，银行可以建立个性化增值服务体验店，让客户近距离接触创新的金融产品和服务，学习前沿的投资理念，建立关系接近的客户"朋友圈"，从而满足客户在情感、知识、资源等维度的需求（详见图4-11）。

图4-11 客户交互模块：潜在需求实现

4.4.3 场景、生态模块：从潜在需求到潜在客户

在开放银行建设过程中，银行可以综合运用以下信息渠道，包括金融市场公开披露的信息、监管部门（例如人民银行、银保监会等）监管通报的

信息、行政管理部门（例如税务、工商、海关等）内部管理的信息、司法部门（公安、法院、检察院）公开的信息等，推动银行内部信息与外部信息有效对接，从而实现对市场环境和客户情况的全方位掌握。通过场景搭建和生态构筑，银行可以进一步深入挖掘和满足当前客户潜在需求以及潜在客户需求。

银行可以从当前客户的某项金融需求出发，发掘和覆盖该客户其他潜在的金融需求。例如，个人客户张三在银行 A 申请了一笔按揭贷款，说明张三具有较好的经济基础和发展前景，那么银行 A 就可以继续围绕这一客户，发掘其在购车、旅游等方面是否有潜在金融需求。一般来说，个人的金融需求可以大体分为两个部分：一部分是与生存有关的基本需求，包括与衣、食、住、行等相关的金融需求；另一部分是与发展有关的升级需求，包括与医疗、学习、旅游、经商、美容等相关的金融需求。

如果相关客户是公司客户，上述方法同样适用。例如，公司客户 B 在银行 A 申请了一笔短期贷款，用于帮助公司实现资金周转，那么银行 A 就可以继续围绕这一客户，发掘其在支付结算、资产管理等方面是否有潜在金融需求。一般来说，公司的金融需求也可以大体分为两个部分：一部分是与生存有关的基本需求，包括与资金周转、投融资、支付结算等相关的金融需求；另一部分是与发展有关的升级需求，包括与资产管理、投资银行、财务咨询等相关的金融需求。

需要指出的是，对上述客户潜在需求的发掘均需在相关场景下进行。例如，银行 A 可以通过与张三所购房屋所在的社区开展合作，了解其在消费、投资等方面的需求，从而及时为其提供相关金融服务。

上文讲的是对单一个人客户或者公司客户潜在需求的挖掘。下文将针对单一客户社会关系网所涉客户，讨论潜在客户挖掘，这时挖掘的环境由场景延伸至生态。继续引用上文的例子，个人客户张三在银行 A 申请了一笔按揭贷款，那么与张三相关的人员，例如张三的子女、父母等是否能够成为银行 A 的潜在客户呢？一般来说，与个人客户相关联的生态圈包括亲属、同学、同事等。

银行还可以对张三所在公司（假设为公司 B）涉及的社会关系进行挖掘。例如，可以继续挖掘公司 B 的其他员工（即张三的同事）是否有办理按揭贷款的需求，与公司 B 在资金上、业务上有着密切往来的其他公司是否有办理短期贷款以实现资金周转的需求。一般来说，与公司客户相关联的生态圈包括三大类别，分别是人员、资金、业务，其中人员类别包括任职人员及其亲属等，资金类别包括该公司的投资人（股东）、借款人、担保人、被投资人等，业务类别包括上下游企业（对于产业链而言）、核心和其他企业（对于供应链而言）等。

综上所述，场景、生态模块潜在需求及客户挖掘示意如图 4-12 所示。

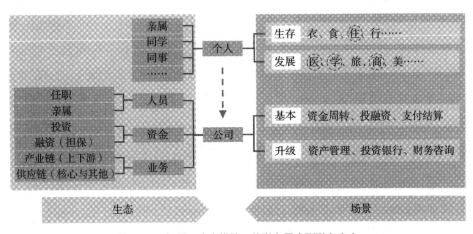

图 4-12　场景、生态模块：从潜在需求到潜在客户

4.4.4　客户动态成长模块：全生命周期洞察

对于单一客户而言，不论是个人客户还是公司客户，在不同阶段会呈

现不同的特征。这个问题可以用客户的生命周期来辅助理解。对于个人客户而言，处于不同的人生阶段，赚取收入的能力和承受消费的能力都不尽相同，因此所呈现的金融需求也不尽相同。例如在收入水平超过消费水平的时期（例如，工作期等）通过投资实现金融资产增值、通过人身保险实现人力资产保值的需求较为旺盛；在收入水平低于消费水平的时期（例如，学习期、养老期等）通过融资、养老保险等应对流动性支出的需求较为旺盛。

同理，对于公司客户而言，处于不同的发展阶段，业务规模、盈利能力、风险程度都不尽相同，因此所呈现的金融需求也不尽相同。例如在成长期，企业业务规模较小、盈利能力较强、风险程度较高，对投资银行、信托租赁等非银行类业务需求较为旺盛；在成熟期，企业业务规模较大、盈利能力变弱、风险程度较小，对存贷款等传统银行类业务需求较为旺盛；在衰退期，企业业务规模变小、盈利能力较差、风险提升，对资产管理、财务顾问等非银行类业务需求较为旺盛。综上所述，银行应该立足客户所处的具体阶段，为其提供有针对性的金融产品和服务。

对于个人客户而言，受家庭环境和个人偏好等因素影响，即使处于同一人生阶段，其拥有的金融资产规模、性质也不尽相同；同理，对于公司客户而言，受行业特点和经营模式等因素影响，即使处于同一发展阶段，其可支配的金融资产规模、性质也不尽相同。一般来说，不论是个人客户还是公司客户，能够拥有或者支配的金融资产越多，其需要的金融产品和服务数量也越多，对银行业务规模和盈利贡献也越多；反之亦反。

银行需要在整体上做好客户结构战略规划。拥有或者支配较多金融资产的客户固然对银行业务规模和盈利贡献较大，但这样的客户毕竟数量少；拥有或者支配较少金融资产的客户固然对银行业务规模和盈利贡献较小，但这样的客户毕竟数量多。因此，银行既要把握好金融资产规模较大的优质客户，也要服务好金融资产规模较小的潜力客户。

如果以单一客户金融资产规模为纵轴、以全部客户数量为横轴，银行可以建立"三角形"客户结构，即随着单一客户金融资产规模逐级降低，全部客户的数量会逐级增多。之所以要建立"三角形"客户结构，是因为要充分考虑到上文所分析的客户生命周期。随着时间的推移，对于经济整体而言，技术会不断进步、结构会不断优化，市场主体的数量会随之增加和规模也会随之增大，因此银行的客户层级会出现整体跃升，即金融资产规模已经较高的客户规模贡献会更高，而金融资产规模暂时较低的客户规模贡献会增加。换言之，银行只有更多黏住金融资产规模暂时较低的客户，并推动客户与自己共同成长，才能够拥有最坚实的客户基数和最忠实的客户群体，从而为银行中长期客户战略推进夯实基础。

如果将上述"三角形"客户结构沿时间线动态推演，银行的客户结构会呈现出在单一客户金融资产规模端和全部客户数量端同时扩张的态势，即形成"三角体"客户结构，如图 4-13 所示。

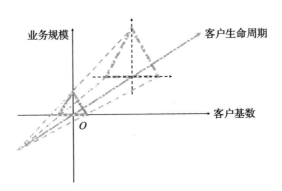

图 4-13　客户动态成长模块：生命周期洞察

4.4.5　产品供给模块：研发与实施

由于经营环境、客户需求是不断变化的，银行提供的金融产品和服务也应该随着经营环境和客户需求的变化而不断更新迭代。为了更加形象地说明这个问题，这里引入金融产品生命周期的概念。金融产品的生命周期可以分为研发周期和实施周期两个部分，如图4-14所示。

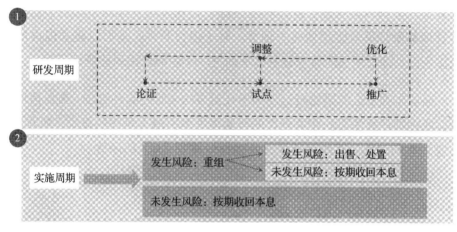

图4-14　产品供给模块：研发与实施

在研发周期阶段，首先需要从理论和实践等方面对金融产品进行论证。在论证成功后，银行可以在个别经营机构做试点，在试点过程中，可以根据遇到的问题对金融产品相关功能进行初步调整；在试点成功后，可以在其他经营机构推广；在推动过程中，可以根据遇到的问题对金融产品相关功能进行深度优化。

在实施周期阶段，对于不存在风险隐患的金融产品，到期银行直接回收本息即可；对于存在风险隐患的金融产品，可以采取重组方式化解风险隐患，比如采取改变债务主体、还款方式、金额、价格、期限等传统方式，也可采取债转股、债转可转债等创新方式。对于重组过的产品，如果风险隐患有效化解，则银行可直接到期回收本息。如果风险隐患未能有效化解，则银行只能通过出售、处置等方式解决，其中风险资产出售方式主要包括批量转让、资产证券化等，风险资产处置方式主要包括核销、清收等。后面提及的重组、出售、处置等方式均可纳入资产保全的范畴。

4.4.6 风险计量模块：全面风险管理核心

从风险管理类别看，银行风险管理可以分为信用风险管理、流动性风险管理、市场风险管理、操作风险管理、合规风险管理等。其中，信用风险管理是银行风险管理的核心环节。对于银行而言，其可以建立以内部评级法为核心的信用风险管理机制，从而进一步理顺信用风险管理流程。

巴塞尔委员会鼓励银行运用高级计量方法（即内部评级法）衡量信用风险。在内部评级法下，相关资产的预期损失率（EL）是违约概率（PD）、违约损失率（LGD）、违约风险暴露（EAD）、期限（M）的函数。

$$EL=PD \times LGD \times EAD$$

需要指出的是，内部评级法可以计算出银行在各个维度上的预期损失率，包括从微观某个客户某项业务的预期损失率，到中观某个行业、某个区域、某类客群、某种业务、某层机构的预期损失率，再到宏观全行的预期损失率。由于相关计算结果是带有预测性质的数据（即预期损失概率），因此银行可以根据不同层面的风险计量结果及变化情况，全面、及时、准确地判断各个层面的风险隐患大小及未来趋势。从这个角度讲，风险计量是银行实现数字化风险管理的主要路径和重要工具。

接下来，本节将介绍银行内部评级法的计算结果在风险管理各领域和环节的应用，并以此证明银行可以将风险计量工具作为核心，建立一整套数字化风险管理体系，从而进一步提升风险管理精细化水平。风险管理体系示意如图4-15所示。这套体系具有如下作用。

（1）**作为资本计量的基础**。这是风险计量的最基本应用。监管要求的各项资本充足率等于经济资本与加权平均风险资产的比值，而PD、LGD、EAD、M正是计算加权平均风险资产的基本因子。

（2）**作为压力测试的基础**。这是风险计量的拓展应用。通过设置各种压力测试情景，结合内部评级法，可以计算出各层面在不同压力情景下的预期损失情况。

（3）**作为计提拨备的基础**。新国际会计准则（IFRS9）要求将金融资产分为3个类别，即以摊余成本计量的金融资产、以公允价值计量且其变动计入其他综合净收益的金融资产、以公允价值计量且其变动计入当期损益的金融资产；同时要求前两类金融资产根据风险状况分为3个阶段，并分别计提拨备，即对于未出现风险隐患的资产（第一阶段）需要计提未来12个月的预期损失，对于已出现风险隐患的资产（第二阶段）和已发生信用减值的资产（第三阶段）需要计提整个存续期的预期损失。可以看出，在新国际会计准则下，基于预期损失的计提拨备方式与内部评级法相似程度较高，基于内部评级法计算的结果可以作为计提拨备的基础。

（4）**作为客户准入的标准之一**。通过内部评级法计算的PD是针对客户的评级，可以作为银行是否接受与相关客户开展相关业务的重要衡量标准。

（5）**作为贷款定价的标准之一**。如果银行决定对相关客户发放贷款，但相关客户仍然存在一定违约风险，为了抵补未来可能承担的损失，银行需要根据相关贷款的预期损失情况确定贷款利率。一般而言，预期损失率越高，贷款利率越高；反之亦反。

（6）**作为贷款五级分类的标准之一**。银行可以探索预期损失率与贷款五级分类之间的关系，从而进一步提升贷款五级分类的准确性与可比性。

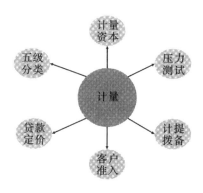

图 4-15　以计量为核心的风险管理

第5章 银行业务与技术融合——智能化

当前，部分银行在技术上还存在较多不足，难以为数字化转型提供有效支撑。这表现为如下几点。

（1）**基础架构建设仍不完善**。部分银行缺乏有效的企业级架构，尚未形成集团客户统一视图、统一画像、统一授信等企业级的业务支撑能力。分布式架构尚未完全落地，资源弹性调度能力不足，应用研发组件化、模块化、参数化能力有待提升，生产运维自动化、可视化、智能化程度不足。例如，在云计算方面距离随用随取的目标还有很大差距。大数据基础设施也存在短板，大数据算力、开发、测试等资源难以支撑业务流程和产品设计的敏捷迭代。

（2）**生态场景应用推广仍需加力**。在场景建设方面，业务场景缺乏数字化驱动，未充分利用数字技术发掘生态圈价值，客户体验旅程梳理和流程再造效果不明显。例如，单看某个供应链金融产品会觉得都不错，但这些产品未能形成矩阵，以为产业链客户提供更好的服务。生态建设方面，完整金融生态建设能力较薄弱，生态圈端到端运营能力不足，系统生态缺乏完整解决方案。例如，部分线上产品在支付环节体验较佳，但针对完整系统生态还没有很好的解决方案。

（3）**前沿技术研发仍需加强**。大数据、云计算、5G、人工智能、区块链等前沿技术与银行业务融合仍停留在个别业务领域和环节，研发和推广力度仍需加大；各类前沿技术之间的融合运用仍需持续探索。

银行各个领域、层面、环节的各类信息，需要在整个业务链条上通过技术手段获取；同时，需要通过技术手段打通各个领域、层面、环节的信息，建立企业级信息全景视图。由此可见，信息技术已成为推动银行实现数字化转型的底层支撑。银行只有充分运用各类前沿技术，推进技术与技术、技术与业务的深度融合，才能完成经营管理向智能化转变。

5.1 银行的技术需求：信息管理视角

从银行业务本质出发，各项经营管理活动包括"谁""在哪里（在何时）""做了什么"等基本要素。这些要素大致与客户管理、渠道管理、产品管理等领域相对应。银行可以对这些领域进行细化，得到更精准的信息，例如，对客户构建360度画像。以个人客户为例，可以通过客户性别、年龄、学历、地区、职业、收入、家庭状况、身体状况等信息为客户进行画像。有的信息可以通过银行内部得到，有的信息需要通过外部渠道获得。

从银行经营管理实际出发，各项业务活动可以分为3个维度：

- 业务管理，包括对相关业务规模、增速、市场占比、品牌影响等的管理。
- 风险管理，包括对相关业务信用风险、市场风险、操作风险等当前情况和未来预判的管理。
- 财务管理，包括对相关业务收益水平、成本状况、利润贡献等的管理。

这三个维度的信息涉及银行前中后台各个环节，它们相互贯通、相关补充，形成了对银行经营管理状况的三维立体刻画。

通过上述内容可知，银行需要对客户、渠道、产品等领域的信息进行全方位捕捉，并在信息数据转化后对其进行挖掘，还要在业务、风险、财务等维度对相关信息和数据进行无障碍传递。为完成上述信息处理过程，银行需要综合运用以下技术：

- 人工智能技术，主要完成感知信息、认知信息的数据转化，例如人脸识别、语音识别（主要用于获客、黏客）、机器学习、知识图谱等（主要用于模型迭代和规律寻找）。
- 云计算技术，主要完成海量数据批量处理和迭代运算（主要用于市场机遇、风险隐患、财务表现的分析和预测）。
- ❑ 移动物联网技术，主要完成信息跨区域、跨类别传递（主要用于远程营销和集中审批）。
- ❑ 区块链技术（去中心化技术），主要完成信息匹配和身份识别（主要用于产品交易和信息存储）。

需要指出的是，上述技术体系设计和技术工具搭建应该是基于银行整体业务框架的，也就说技术与业务是相互贯通、相互联系的，而不是相互冲突、相互孤立的，只有这样才能形成立体式技术支撑体系，才能实现技术的融合，从而推动业务层面的协同。从信息管理视角看银行技术需求可得到图5-1。

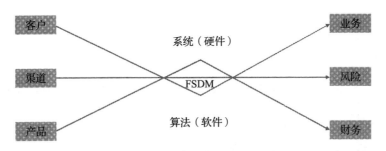

图 5-1 银行技术需求：信息管理视角

5.2 银行技术供给：技术架构概览

对于银行数字化转型而言，技术是基础，技术架构是基础的基础。本节首先介绍从业务架构到IT架构的逻辑体系，展示技术与业务的紧密对接；其次介绍企业级理念和分布式架构，展示整体业务框架下技术资源的合理摆布；最后介绍敏捷前台、复用中台、稳健后台，展示技术对业务强大的重塑和引领作用。

5.2.1 从业务架构到 IT 架构

架构是银行为确保战略落地，在业务、技术各个层面进行的设计，故其可以分业务架构和 IT 架构。这两种架构采取松耦合机制，前者决定后者，后者推动前者变革。业务架构是把银行战略转化为银行日常经营管理的渠道，包括业务的运营模式、流程体系、组织结构、地域分布等；IT 架构是银行进行信息系统投资和设计的总体框架和综合蓝图，包括最高层次的政策、原则、指导纲要，技术领域的技术标准、技术选择和技术组件等。

IT 架构可以进一步细分为数据架构、应用架构、技术架构和基础架构。

- ❑ 数据架构描述银行现在和未来的经营管理对数据的需求，以及银行应该如何使用数据。数据架构要确保在不同系统中充分共享和交换相关数据，以确保数据价值被充分发挥。
- ❑ 应用架构是利用技术手段对业务结构进行再造，以支持不同渠道对共享服务的重复使用，并满足业务发展、风险管理、财务管理等需要。应用架构要具有良好的灵活性和扩展性。
- ❑ 技术架构是一个平台化的系统体系，定义系统的软件标准和规范，通过颗粒度适中的组件化设计提高软件的复用度，减少重复建设率，增强业务处理一致性，同时定义技术和业务元数据。技术架构可针对技术提供技术人员和业务人员都能理解的语言标准。优秀的技术架构是可以灵活调整和弹性扩张的，即具有根据业务变化按需应变的能力。
- ❑ 基础架构针对的是银行底层的 IT 基础设施，对支撑银行业务开展起着至关重要的作用，包括操作系统、主机、数据库、网络等企业数据和应用程序赖以生存的软硬件环境。为满足银行 IT 系统在数据规模和技术复杂性等方面不断增加的需求，适应海量客户、海量账户、海量并发用户的环境，同时实现高交易响应速度、高数据安全性、高通信安全性，基础架构必须具有良好的灵活性和扩展性。

5.2.2 企业级理念与分布式架构

所谓"企业级",指的是面向银行整体的软件开发格局。一般来说,银行应用结构复杂,涉及内外部资源众多。但其软件开发不可能是一个个相互独立的系统,否则运行效率会大打折扣。这就要求企业级开发主要致力于对各项复杂业务流程进行标准化、规范化处理,以提高银行整体经营管理质效。银行往往会部署多个彼此连接的,通过不同集成层次进行交互的企业级应用,而这些应用都有可能与其他银行的相关应用连接,从而构成一个结构复杂的、跨越因特网的分布式企业应用集群。

与"分布式"相对应的是"集中式"。国内银行的核心系统大多采用基于 IOE 技术的集中式架构。该架构在银行 IT 系统建设中发挥着至关重要的作用。但当银行进行海量数据处理时,该架构缺点日益显著。

- ❑ 集中式架构普遍缺乏弹性伸缩能力,随着数据量增长,系统支持容易遇到技术瓶颈,这将严重制约海量客户获取以及大规模数据处理。
- ❑ 集中式架构采用单体应用设计,软件开发和运行管理的最小单元是"应用",管理粒度较粗,且系统在运行过程中容易出现单点故障,难以有效进行故障隔离。
- ❑ 集中式架构的核心系统基础设施是小型机或大型机,硬件和软件采购成本高。
- ❑ IOE 技术体系封闭,开发和运维主要依赖服务厂商,无法做到自主掌控。

在互联网金融快速发展的环境下,建设能够支持海量客户、具有弹性扩展能力、高效灵活的核心系统已经成为国内银行必然且迫切的需要,银行核心系统技术架构朝着分布式方向发展已成为必然。

集中式架构一般采用纵向拓展方式,即通过增加单机资源配置或者设备更新换代提升系统处理能力,通过硬件设备和基础软件的集群机制来提升系统可用性。

以 X86 和云计算为基础的分布式架构，一般采用横向拓展方式，即通过增加服务器的数量提升系统处理能力。这种架构中的每一个节点都是一个可独立运行的单元，单一节点失效不会影响系统的整体可用性，因而这种架构具有良好的应用弹性。此外，在分布式架构下，应用系统会分散到多个节点运行，这可降低对单点处理能力的要求，从而给使用 X86 服务器替代高性能主机和小型机创造条件，并降低基础设施投入成本，提升自主可控水平。因此，分布式架构逐渐成为技术发展方向。

分布式技术平台可为核心系统应用提供平台级的设计、开发、测试和运行支撑。分布式技术平台主要包括分布式中间件平台和开发运维一体化平台两大部分。分布式中间件平台是支持应用开发和运行的平台，支持核心系统联机交易和批量作业。其采用分层设计方式，可分为服务接入层、应用层和数据层。各层可以独立进行弹性拓展，从整体上提升系统信息处理能力。开发运维一体化平台可实现从应用代码编译、单元测试、打包、部署到运维的全流程管理，还可提供对日志处理、服务跟踪、健康检查、实时监控的技术支持，以及对运维需要的管理控制。分布式核心应用所实现的核心业务功能包括客户管理、账户管理、支付结算管理等。得益于分布式技术平台的技术支撑，分布式核心应用可采用微服务架构设计，在应用层和数据层实现分布式部署，从而实现弹性扩展。

银行分布式核心系统的主要特点与关键设计包括以下几个方面。

（1）**基于开源技术构建分布式技术平台，支持微服务架构与云计算平台**。分布式技术平台包含微服务框架、配置中心、消息中心、分布式批处理框架、分布式缓存和分布式数据访问技术组件。基于该平台应用，开发人员无须关注分布式底层技术细节，因而能够直接使用支持弹性扩容、微服务架构、核心系统联机交易和批量作业，以及支持 X86 服务器、虚拟机、Docker 容器等多种基础设施的开发环境。

（2）**基于分布式架构设计，实现核心业务系统的分布式存储与水平扩**

展。分布式核心系统采用读写分离和分库表等方式进行数据分布式处理，联合使用分布式缓存和支撑异步处理的消息中心，有效提升了系统响应速度和吞吐量；通过采用分布式批处理框架，大幅提升批处理效率，支持海量账户的日终审批处理；通过采用分布式技术架构和基于客户ID的分区技术，解决银行核心数据水平扩展问题。

（3）**基于DevOps技术，实现面向大规模分布式应用的开发运维一体化平台**。引入面向大规模分布式应用的开发运维一体化平台，主要是为了解决应用的自动构建、持续集成、自动化部署、运行和维护管理等问题，以便填补基础资源与应用系统之间的技术鸿沟，提升分布式架构下应用开发效率与质量。开发运维一体化平台包含应用发布平台、监控平台和底层平台。应用发布平台具有并行可视化应用部署、负载集群均衡的能力，可以一键化构建应用以及相关运行环境与基础设施的映射关系；能够与监控平台协同工作，及时发现基础设施、应用时效性问题，并采用补偿机制进行修复，从而保障银行业务系统高度可靠。监控平台采用分布式采集、集中式处置的工作方式，可对分布式核心系统进行实时监测、预警，结合大数据技术可实现监控信息收集和日志收集，还可根据集群配置信息，对分布式核心架构组件进行集群监控关联分析。底层平台可实现链路访问全程跟踪、访问日志统一收集，随时随地展现应用全程访问关系，及时发现基础设施、应用时效性问题。

（4）**基于逻辑分区理念，实现双活和灾备多机房部署体系以保障业务连续性**。核心系统采用多地多机房部署架构，多个机房同时对外提供服务，核心账务数据按照客户号进行逻辑分区，每个机房包含多个逻辑分区，逻辑分区之间相互隔离，外部交易请求通过全局路由技术组件，根据路由规则路由到相应机房和逻辑分区。这种方式改变了传统的相关机房只作为热备而不对外提供服务的使用方式，有效提升了机房资源利用率。同时，多地多机房分别服务于不同客户，在机房出现故障时能够减小客户影响范围，而不同机房之间实现的秒级切换，可有效保障业务连续性。

5.2.3 敏捷前台、复用中台、稳健后台

银行数字化转型的核心要义是通过数字化技术重新定义和细化金融产品和服务要素，以便使银行更快适应市场变化，满足客户个性化需求。因此，银行必须改变以往烟囱式管理架构，按照服务的产品组装层（前台）、服务的公共模块层（中台）、基础支持层（后台）来重新设计和调整银行前、中、后台的架构，形成"简单敏捷的前台、高度复用的中台、强大稳健的后台"模式，以便灵活、差异化应对需求的复杂性和多样化。

1. 简单敏捷的前台

银行数字化前台的主要职责是为客户组装个性化、定制化产品。与客户个性化程度要求相关，这种前台组装的产品包括4类。

- **系统预组装产品**。系统预组装好的产品就像手机的预装软件，用户打开即可使用。各银行都有这类产品，需要加强的是根据客户的基本情况设计有针对性的服务包，形成类似千人千面的产品矩阵。
- **系统智能组合产品**。系统根据客户的选择以及智能运算结果，逐步形成组合产品，即产品是根据对客户的逐步了解组装形成的。
- **员工组装产品**。员工根据客户具体需求，在系统帮助下，通过公共服务模块池提供的组件，为客户定制产品。这需要员工将专业能力和系统服务相结合，创造性地组装满足客户个性化需求的产品。
- **敏捷团队组装产品**。敏捷性团队根据公共服务模块池的组件，为价值高、个性化程度高或者有特殊要求的客户量身定做产品。

对于前台来说，各类基础服务组件要简单化、标准化，以便快速根据客户有关情况，定制个性化服务方案。

2. 高度复用的中台

中台遵循松耦合、高内联的去中心化理念，从服务要素构成的角度重

新定义和划分服务要素，按照公共服务模件池方式，开发和丰富模件池组件内容，提高服务共享组件的可复用性，以快速响应需求变化，快速推进创新业务，有效降低银行新系统、新业务开发的复杂度，持续提升银行核心竞争力。由此可见，业务组件化是建立高度复用中台的主要实现方式。

组件是软件系统中功能和结构相对独立、接口由契约指定、可独立组装并部署的软件实体。组件包括业务组件和系统组件两大类：

- 业务组件是具有一定业务功能的组件，例如计息组件、信用度评估组件等。
- 系统组件由业务组件中需要重用的部分抽象而成，构成技术架构的公共服务平台，例如主数据管理、系统管理、统一认证管理、通用报表等。

组件的粒度和对外接口设计决定了组件的可复用性和松耦合性。如果粒度过大，则组件灵活性小，功能复杂，功能之间关系密切，升级困难，难以实现复用；如果粒度过小，则组件数量多，组件之间交互管理困难，性能低下。

业务组件化，即将银行的完整业务链分解为若干个业务单元，经过一定的分析和优化，将业务单元重构成业务组件。组件经过封装处理后，组件和组件之间只能通过标准化的接口进行访问，我们不能也无须通过别的途径了解组件的细节。组件间具有无缝交互和精密集成的特点。组件间有清晰的边界，便于银行进行业务价值分析。银行通过设计不同规格的业务组件，使得通过搭配业务组件向市场快速推出新产品成为可能。

银行的中台主要包括技术中台、数据中台和业务中台3部分。

（1）**技术中台**。其目的是避免技术上的重复，实现敏捷开发，从而降低成本，提高系统交付速度。技术中台主要是通过开发平台、微服务平台，实现技术应用能力的高度复用，以高度弹性应对系统、服务的技术开发需求。技术中台扮演的角色像编程时的适配层，起到承上启下的作用，将整个银行的基础能力与业务能力分离，并以服务组件的方式向前台提供技术服务。

（2）**数据中台**。其指通过技术对海量数据进行采集、计算、存储、加工，同时统一数据的标准和口径。数据中台把数据统一之后先形成标准数据，再对其进行存储，形成大数据资产，进而为客户提供高效服务。广义的数据中台包括各种数据技术，例如，对海量数据进行采集、计算、存储、加工的一系列技术。狭义的数据中台包括数据模型、算法服务、数据产品、数据管理等，相关内容与银行业务有较强关联性，是银行独有且能复用的，例如，银行自建的基础数据模型、数据标签等。数据中台的建立主要是为了业务数据组件复用，不断通过业务来改进和迭代数据模型，最终推动业务创新。

（3）**业务中台**。其以高响应业务系统作为支撑，将银行业务与业务逻辑进行隔离，通过制定相关标准和规范，清楚地描述有哪些服务、数据和功能，以减少沟通成本，提高协作效率，让任何一条业务线都能具备整个银行的核心能力，实现后端业务资源到前端实战能力的高效转化。业务中台的目的是为银行提供快速、低成本创新的能力，核心是构建银行业务共享服务组件中心，通过业务板块之间的连接和协同，持续提高业务创新效率，确保关键业务链的高效运作。

3. 强大稳健的后台

银行的后台是服务的基础支持层，主要包括银行IT的基础设施和基础系统，可提供核心交易处理、数据存储、数据运算和数据交互等功能，以及物理硬件设施、软件系统及技术方案，例如核心交易系统、云计算平台、大数据平台、人工智能平台等。

❑ 核心交易系统主要应用于银行资金交易等核心账务处理的业务场景。

- 云计算平台是大数据、人工智能、物联网等的基础载体,能够标准、规范地自动输出相关基础信息,灵活、快速、低耗实现拓展。
- 大数据平台是企业级统一数据分析平台,通过运用大数据思维、技术、方法和工具,存储内外部多种格式的海量数据,并基于分布式和流计算的快速计算能力,运用机器学习、数据沙箱、可视化等技术实现数据分析和挖掘,增强或延伸传统 BI 应用功能。
- 人工智能平台由语音识别、计算机视觉、自然语言理解、大数据基础、机器学习技术等功能模块组成。

5.3 银行业务与技术对接形成的新型银行

随着银行数字化转型进程的深入,银行呈现多种形态,其中最主要的形态包括直销银行、互联网银行、虚拟银行。直销银行一般是由传统银行建立的附属部门,通过网络形式运营。目前,国内多数直销银行依托于传统银行的线下渠道,与真正意义上的直销银行仍有距离。互联网银行作为创新银行服务体系的有益探索,一般是新兴的民营银行,单纯以互联网形式运营;虚拟银行是指主要通过互联网或其他形式的电子渠道而非实体分行提供零售银行服务的银行,在运营模式上与互联网银行类似。

5.3.1 直销银行

直销银行既不在线下设立任何营业网点,也不发放实体银行卡,打破了时间、地域、物理网点等限制,主要通过电脑、手机、座机等电子渠道为客户提供各类金融产品和服务。

1. 直销银行的特征

直销银行具有如下主要特征。

（1）**组织架构扁平高效**。与传统实体银行相比，直销银行的组织架构更加扁平化，组织结构更加紧凑、干练。组织架构扁平化一方面能减少管理层级，降低管理费用；另一方面有利于银行对市场环境的变化做出快速反应和决策。例如，英国的 First Direct 银行设立 8 个部门，各部门明确分工、各司其职，工作高效。除了人力资源部负责人员招聘及培训，财务管理部负责产品定价、经营核算，IT 部负责提供技术支持外，产品营销和宣传都是通过业务处理中心和客服平台完成的。业务处理中心和客服平台可直接与客户建立联系，这在节省客户业务办理时间的同时提升了客户的满意度。

（2）**目标客户定位准确**。与传统实体银行相比，直销银行不应是实体网点的渠道补充，其客户群体应是根据互联网自身的特性和优点，是精选出的具有共同经营规律和风险特征的客户群体，能为直销银行渠道带来更大的品牌效应和附加价值。例如，荷兰的 ING Direct 银行依据已有金融产品和服务来筛选客户，不断拓展资源以满足客户多元化金融需求并将其目标客户群体界定为：年龄为 30～50 岁的中等收入阶层；乐于接受新事物，熟悉互联网，对电子渠道接受程度高；追求高效和优惠的产品和服务；对定制化的产品和服务没有强烈需求。ING Direct 银行抓住上述客户群体的特点，将现有的资源投入这类群体，满足他们的金融需求，实现了客户规模大幅增长。

（3）**金融产品简单易懂**。与传统实体银行相比，直销银行在产品设计方面着眼于提供多数客户需要的、针对性强的、价格较为合理的标准化金融产品和服务。例如，ING Direct 银行将银行产品定位于"简单、有限"，主要提供储蓄和贷款这两类产品。产品结构简单易懂，受众范围广泛、成本可控，增强了该银行在同业竞争中的优势。例如，美国的 WingspanBank 银行虽然以低成本获得了大量客户，但是后来为满足客户差异化需求不断研发各类定制产品和服务，经营成本快速上升，于 2001 年宣告破产，从开业到破产只经历了 3 年。

（4）**线上服务方便快捷**。与传统实体银行相比，直销银行不设立物理网点，通过 ATM 机、电话、邮件及网络等电子渠道为客户提供金融产品和服务。线上模式打破了时间、地域、物理网点等限制，支持客户在自助渠道独立完成操作，使金融服务更高效。例如，ING Direct 银行客户端交易界面友好简洁，功能设置清晰明了，客户不用去实体银行即可轻松办理金融业务，省去了等待时间，改善了客户体验，一定程度上降低了管理成本和维护成本。此外，ING Direct 银行还在线下设立了咖啡馆，旨在通过经培训的咖啡馆店员为客户提供金融产品宣传、金融方案咨询等增值服务，这样不仅增强了银行与客户之间的互动，还彰显了良好的品牌形象。

（5）**低价运营让利客户**。与传统实体银行相比，直销银行不需实体分支机构，节省了在物理网点上的投入及相关人员支出，大幅降低了运营成本，节省下来的费用可回馈给客户，从而进一步提升客户体验。直销银行通过较高的存款利息、较低的贷款利率、免信用卡年费和银行账户管理费、送礼品和礼金等方式来吸引客户。例如，ING Direct 银行的经营策略就是薄利多销，并借助这种经营策略实现了业务快速扩张。

2. 直销银行的模式

直销银行的经营模式主要分为如下 4 种，这 4 种模式分别对应着 4 种不同类型的银行。

（1）**客户细分市场模式**。直销银行尽管有着金融科技优势，但也不可能像传统大中型全能银行一样，向所有的客户提供所有的服务，因此客户细分市场型直销银行具有目标客户群定位准确、产品种类少、聚焦某类金融服务的特点。这类直销银行成立之初多数是为了弥补传统银行在物理网点、工作人员等方面的短板。总体来看，该类直销银行的客户细分市场定位清晰、金融产品和业务更为聚焦，也能够通过集中运用控股母行资源在细分市场上构建一定的核心竞争优势。但是，客户群和产品方向狭窄也会制约其纵深发展。

（2）**金融产品专家模式**。金融产品专家型直销银行的核心竞争力是产品和服务的差异化，这类银行可以通过在高性价比的产品和服务上进行创新来实现远超同业的发展。美国的 Ally 银行就是这类银行的典型。该银行隶属于 Ally 金融集团，主要面向汽车经销商及其客户提供服务。Ally 银行对接到该集团旗下经销商汽车金融和商业金融的部门，从而形成以 Ally 银行为负债端、以汽车经销商为资产端的金融商业模式，并通过存贷利差分成的方式盈利。这类银行一般都会提供存款业务。存款种类丰富和轻资本经营为其高息揽储提供了空间。这类银行能够提供更加专业化的服务、更加友好的客户体验，"专业化、高收益"是其吸引客户的法宝。

（3）**客户群深耕模式**。客户群深耕型直销银行是指服务对象定位明确，有一个或数个比较明确的客户群，可以更加精准地围绕所选择的目标客户群进行渠道、产品、服务、流程、科技等全方位设计和布局的银行。这类银行通过丰富的产品和服务、卓越的客户体验、深耕细作客户群体、全面且高质量的精益化服务，来增强客户特别是年轻客户的黏性，提高客户忠诚度，最终实现银行价值创造能力的提升。例如，马来西亚的 MACH 银行就是专注为 85 后服务的"年轻人的银行"。这类银行产品丰富、有趣味，倡导独特的价值主张。

（4）**全能模式**。全能型直销银行可面向全客户群提供综合金融服务，具有产品齐全、渠道丰富、客户基础规模大等特点。全能型直销银行的建成往往要通过长时间的业务、客户、品牌、技术积累或大量的收购兼并，它是其他类型直销银行发展到一定阶段的必然产物。这类银行在发展初期通常有资源雄厚的母行支持。这类银行在产品线比较全面：B2C 产品线服务于个人客户，包括存贷款、证券交易、信用卡、投资理财和咨询等多项业务；B2B 产品线服务于金融同业、机构投资者、非金融企业等。这类银行能够为客户提供一站式金融服务，具备"线上＋线下"（O2O）多元化服务渠道。更重要的是，控股母行网点的支持使其不仅有便捷、高效的线上服务能力，还有广泛的线下分支网点，从而弥补了单纯直销银行缺乏物理网点的不足。随着金融科技不断赋能直销银行，全球将出现少数能够和传统头部银行平起平坐的领先直销银行，甚至在资本市场的价值将大幅超过传统头部银行。

5.3.2 互联网银行

互联网银行是指借助现代数字通信、互联网、移动通信及物联网等技术运行的银行，其可通过云计算、大数据等方式在线为客户提供存款、贷款、支付、结算、汇转、电子票证、电子信用、账户管理、货币互换、P2P金融、投资理财、金融信息等服务。这类银行的服务具有全方位无缝、快捷、安全和高效等特点。

1. 互联网银行的特征

互联网银行具有如下特征。

（1）**虚拟性**。互联网银行具有典型的虚拟性特征。这种特征为银行带来两方面的好处。

- 节约运营成本。互联网银行不需要考虑客户对物理网点位置的需求，通过网站、手机 App 等渠道为客户办理业务，不再需要聘请专业的银行从业人员去维护数量众多的银行物理网点，从而节约了花费在网点租赁、装潢及硬件设备上的成本，也减少了银行的人力成本。银行在信贷中所需的数据均可通过云端下载，从而节省了搜集和管理客户资料的时间成本。银行还可充分利用网络营销拓宽营销范围，从而鼓励更多消费者享受其服务。
- 确保安全运行。互联网银行运用大数据及云计算等技术对收集的客户信息进行计算、分析及存储，再通过模型进行信用评分，判断其可信度，通过对业务进行全过程线上监控，保证客户资金安全，进一步降低银行的不良贷款率。

（2）**互动性**。互联网银行可为客户提供互动性服务，这主要体现在以下两点。

- 客户在享受相关服务时可以完成互联网银行提供的一些交易，客户可以根据先后交易的结果不断调整交易策略，在这个过程中实现了客户与银行的互动。
- 客户进行产品交易时，银行的系统可以通过云端存储和计算交易数据，以便银行通过存储的信息建立客户数据模型并对客户进行综合评级，进而完成客户贷款的审批。另外，互联网银行能够通过客户的关联交易信息挖掘其他需要服务的客户群体。

（3）**全时性**。传统银行物理网点都具有严格的营业时间，其营业时间与客户正常工作时间基本相同。这可能使客户不能在自己合适的时间去办理业务，且客户去银行物理网点办理业务时可能需要等待很长时间。互联网银行能够为客户提供 24 小时在线服务。

2. 互联网银行的模式

下面具体介绍互联网银行在 3 个方面的相关模式。

（1）**运营模式**。互联网银行实行轻资产的运营模式。"轻资产"是指互联网银行不设置物理网点，这很大程度上节省了互联网银行投入的固定资产成本。同时，互联网银行不需要大幅度揽储，主要从事平台中介业务，不必进行太多风险防范，故其管理体系比较简单。此外，大多数互联网银行已经实现"去 IOE 化"，即去掉传统银行沿用的 IBM 的小型机器、去掉 Oracle 数据库以及去掉 EMC 的存储设备，取而代之的是运用互联网银行自己的数据库、自己的征信系统以及按照自己的标准筛选客户，这极大地降低了边际成本，并使其拥有成本优势，有更多资本服务目标客户。

（2）**营销模式**。互联网银行强调交易驱动、注重大数据法则以及利用线上优势为客户提供服务，并凭借大数据和云计算技术而实现了精准营销。

通过互联网平台，互联网银行积累了海量客户交易及身份信息，然后运用大数据技术对相关数据进行挖掘，从而得到客户的相关兴趣爱好、风险偏好及金融需求等。

（3）**盈利模式**。随着利率市场化进程加快，传统银行若想仍以存贷利差维持日常经营几乎不可能了。同时受实体经济下行影响，传统银行的资产质量也不容乐观。相反，"互联网+"的经营模式正被大众认可、被政府支持。为了突出与传统银行的差异性，互联网银行不将存贷利差作为其盈利模式，而是在撮合银行和客户之间的交易时获得收益，中间业务收入是维持其经营的主要资金来源。比如，互联网银行与合作银行在信贷、资产管理及理财等方面进行合作，通过收集、分析客户信息来了解客户需求，并根据需求设计适合的产品及风控模式，为合作银行提供客户征信服务；互联网银行通过云计算和大数据为合作银行提供服务，特别是为中小银行提供科技支撑。

5.3.3 虚拟银行

根据香港金管局发布的《虚拟银行的认可》可知，虚拟银行不设任何实体分行，而是通过数码途径提供各类银行服务，所有业务均在网上办理。虚拟银行所使用的网上业务平台与传统银行的网上理财服务及手机流动银行应用有着巨大差别，因此两类银行提供服务的途径有着本质区别。虽然没有实体办公环境，但利用网络数字技术的虚拟银行也可以利用三维立体空间设计，塑造出逼真的银行大楼、营业大厅、业务房间甚至走廊通路，让客户感受到实体银行般的体验，获得亲临真实银行之感并享受良好的服务。

1. 虚拟银行的特征

虚拟银行具有如下特征。

（1）**易开户、无卡化**。相比大众过往较熟悉的传统银行，虚拟银行用户可以用手机自行扫描身份证。用户在线提供一些个人信息，即可简单快捷地完成 eKYC（电子化识别身份）等开户手续。正因如此，多家虚拟银行在开业之初，将"7×24 全天候电子银行服务""3～5 分钟远程开户""人脸识别认证"等作为宣传点。此外，各虚拟银行还结合自身优势推出特色服务。例如，众安银行推出了"数字+实体"形式的银行卡 ZA Card。持有 ZA Card 的用户的消费和管理可以通过 App 完成，每笔交易消息实时推送，消费限额也可自由控制，如卡片丢失可通过 App 一键锁卡。另外，ZA Card 全面支持 Apple Pay，可通过绑定到 Apple Pay 实现线下手机闪付。蚂蚁银行通过与 Alipay HK 合作，实现直接通过 Alipay HK 电子钱包的小程序完成银行远程开户。Alipay HK 的 200 多万用户在香港线下 5 万多家商户消费时可直接从银行的"存款宝"内划账支付。Mox Bank 与万事达卡合作推出亚洲首张全功能无号码银行卡。汇立银行主要提供纯线上数字银行服务，推出一系列纯数字化服务给客户体验，其中包括远程开户、定期存款、虚拟银行卡以及转数快⊖等。

（2）**低门槛、高收益**。虚拟银行的架构较为精简，具备强大且精益的科技研发能力，因此其具有更高效率、更低成本的营运模式，能提供更具吸引力的产品定价来回馈用户。例如，众安银行推出一款零门槛活期存款产品"ZA 活期 Go"——无论起存额多少，用户均可享受年利率 1% 的活期利息，此利率适用于 50 万港元或以下的存款额，超出上限部分按中国香港特区基本活期存款利率（年利率 0.001%）计算。天星银行推出年化 3.6% 港币活期存款利率，且金额在 50 万至 100 万港元的活期存款客户可享有 1% 的年利率。我国香港地区基准利率长期处于低位，上述虚拟银行提供的利率已经达到市场平均水平的 1000 倍甚至 3600 倍。

（3）**面向个人和中小企业**。多家虚拟银行已经开始面向中小企业推出产品。例如，平安壹账通通过与贸易通合作，利用对方提供的数据，集中为中小微企业提供存款、转账及贷款服务，目前批出的贷款额平均每家企

⊖ 在中国香港特区推出的快速支付系统。

业是170万港元，贷款期集中在18到24个月。蚂蚁银行在研究支持中小微企业的服务方案，将以阿里巴巴经济体内的电商作为中小企业商户服务试点，积极研发包括数字化贸易融资在内的小微金融服务。一般来说，传统银行考虑成本后，普遍认为中小企业不是理想的客户。但虚拟银行成本结构简单，故可将中小微企业纳入服务范围。其配合贸易通数据，可以分析企业在不同经济周期中的抵御能力，这可协助其对贷款进行合理审批。

2. 虚拟银行的模式

（1）**通过监管沙盒机制试营业**。为促进银行及科技公司在风险可控的范围内进行金融科技创新，香港金管局于2016年推出监管沙盒。香港金管局建议虚拟银行参与金融科技监管沙盒并进行试营业，但不做强制要求。从实际情况看，目前已开业的虚拟银行均通过监管沙盒机制进行过试营业，以保证在安全可控的范围内测试其创新的金融产品、服务、商业模式和营销方式，并对运营和技术准备情况进行评估。在此基础上，银行通过获取监管部门及客户的反馈意见，调整业务流程、优化产品和完善系统，最终达到提升业务模式可行性和稳定性的目的。例如，众安银行在试营业初期，为2000名香港零售客户提供了远程开户、定期存款、本地转账和电子结单等在线银行服务，通过收集用户的反馈意见，对运营和技术准备情况进行评估，并与香港金管局密切沟通，根据进展情况，进一步确定正式开业时间。

（2）**建立高效审批业务模式**。虚拟银行利用人工智能、大数据等金融科技，提高贷款审批效率并提高风控水平。例如，众安银行根据客户收入证明等材料，依据特定算法，可迅速完成贷款审批业务。该行首创贷款30分钟审批承诺，即从申请者提交完整的贷款申请资料和文件到获得审批结果用时不超过30分钟。如果申请者等候时间超过30分钟，众安银行将对额外的等候时间以每分钟赠送10港元现金为补偿，补偿上限为500港元。

（3）**基于转数快实现与传统银行互联互通**。客户在虚拟银行手机客户端通过关联授权可绑定其他传统银行卡，基于快速支付系统（转数快）实现传统银行卡和虚拟银行卡之间的互联互通。虚拟银行客户通过虚拟银行卡进行线上线下支付与使用传统银行卡并无差异。例如，Livi Bank 与银联国际合作，发行无卡号虚拟银行卡，支持香港本地商户用银联二维码扫码支付。汇立银行与万事达卡合作推出无卡号 WeLab 银行卡，让客户既可在 Mastercard 商户消费，也可在全港的 Jetco 自动取款机或接受 Mastercard 的 Circus 自动取款机提取现金。

（4）低运营成本、细分市场、同等保障。首先，以低运营成本优势提高了虚拟银行的存款利率，进而吸引更多活期存款。据统计，香港大部分传统银行在薪酬、租金和设备等方面的运营成本占总成本的 2/3 左右。虚拟银行没有物理网点的租金，同时可利用创新科技减少重复工作。例如，可用人工智能自动处理开户和数据核查业务。其次，为定期存款利率细分市场定价，以创新型产品吸引定期存款。基于大数据优势，虚拟银行对客户定期存款利率实施细分市场差别定价策略。例如，众安银行在试营业阶段推出"定期存款加息券"，推荐开户数量最多的前 50 名客户获得该券，并凭此享受 3 个月定期存款最高达 6.8% 的年化利率（显著高于同业 2.5%～4.2% 的水平）；同时限定了优惠利率存款金额上限为 20 万港元，超出部分按原定价（该行 3～12 个月利率为 2%）付息，以此体现差别定价的策略。最后，存款保障与传统银行保持一致。香港金管局在《虚拟银行的认可》中明确，虚拟银行的申请人需达到香港颁布的《银行业条例》认可的最低标准，即与成立传统银行参照同一套标准。上述虚拟银行均已加入存款保障计划，每位合格存款人最高保障额为 50 万港元。因此，对于客户而言，虚拟银行存款保障与传统银行保持一致。

5.4　银行业务与技术融合解析

物联网、5G、云计算、区块链、人工智能、数字孪生等技术是相互依赖、相互融合的，其中物联网技术涉及信息获取，5G 技术涉及信息传输，云计算技术涉及信息运算模式（数据挖掘），区块链技术涉及信息交换与存储，人工智能技术涉及信息运算方法（数据挖掘），数字孪生技术涉及信息映射与提炼（转化）。银行只有推进相关技术融合、迭代，通过技术创新支撑、引领业务发展，才能进一步提升数字化水平，从而提升经营管理质效。

5.4.1 物联网与银行

物联网即万物相连的互联网，是在互联网基础上延伸和扩展的网络，是将各种信息传感设备与网络结合起来而形成的一个巨大网络，可实现在任何时间、任何地点的人、机、物互联互通。物联网是新一代信息技术的重要组成部分，在 IT 行业又被称为泛互联网，即物物相连，万物互联。其有两层含义：一方面，物联网的核心和基础仍然是互联网，是在互联网基础上延伸和扩展的网络；另一方面，物联网的用户端延伸和扩展到了任何物品与物品之间，并进行信息交换和通信。因此，物联网的定义是通过射频识别、红外感应器、全球定位系统、激光扫描器等信息传感设备，按约定的协议，把任何物品与互联网相连接，并进行信息交换和通信，以实现对物品的智能化识别、定位、跟踪、监控和管理的一种网络。

1. 物联网的特征

物联网具有如下主要特征。

（1）**信息获取更加丰富**。在当前信息化条件下，接入网络的对象主要是计算机、手机、各种智能卡、传感器、仪器仪表、摄像头等，这主要是因为各种设置由人工操作，所以接入的物理世界的对象较为有限。未来物联网接入的对象包含了更丰富的物理世界的对象，不但包括现在的计算机、手机、智能卡、传感器、仪器仪表、摄像头等，还包括眼镜、雨刷、腕带、工业原材料、工业中间产品等，因为这些物体都嵌入了微型感知设备。所以我们通过物联网获取的信息不仅包括人类社会的信息，也包括更为丰富的物理世界的信息，比如压力、温度、湿度、体积、重量、密度等。

（2）**信息传递更为广泛**。当前的信息化，虽然网络基础设施日益完善，但离"任何人、任何时候、任何地点"都能接入网络的目标还有一定的距离，并且即使是已接入网络的信息系统很多也未达到互通，信息孤岛现象较为严重。未来的物联网不仅基础设施非常完善，网络的随时、随地可获得性大为增强，接入网络的关于人的信息系统的互联互通性也会更高，并且人与物、物与物的信息系统可实现广泛的互联互通，信息共享和相互操作性可达到很高水平。

（3）**信息处理更加强大**。在当前信息化条件下，由于数据、计算能力、存储、模型等的限制，大部分信息处理工具和系统还停留在提高效率的数字化阶段，一部分能起到改善人类生产、生活流程的作用，但是很少能为人类决策提供有效支持。未来的物联网不仅能够提高工作效率、改善工作流程，还能够通过运用云计算等技术，借助科学模型，广泛采用数据挖掘等技术整合和深入分析收集到的海量数据，以帮助人们获取更加新颖、系统且全面的观点和方法。

2. 物联网技术与银行业务、经营管理融合模式

物联网技术与银行业务、经营管理融合后可获得如下好处。

（1）**获取客户信息**。银行作为信息中介、信用中介、支付中介，最核心的作用是对金融消费者信息的充分收集、整理和分析，解决对金融消费者的信息不对称问题，从而更加充分和有效地为金融消费者提供市场出清的金融产品和服务。银行在与物联网技术融合过程中，通过传感器、二维码、射频设备等手段和方式对用户在生产场景、生活场景中的物流、资金流、信息流等信息进行实时感知和掌握，从而使银行拓展了用户的生产、生活信息，有利于对用户进行深入了解和判断，从而做出科学合理的金融决策。

（2）**扩展业务边界**。随着物联网在生产、生活场景中的广泛运用，银行与客户之间的关系日渐紧密，银行可为客户提供覆盖所有环节的全方位、定制化的物联网金融中间服务，如感知支付、财务顾问、交叉销售、投资咨询、现金管理、应收账款清收和结算、企业信用评价、综合金融解决方案等。通过开展附加值高的创新型中介服务，银行可不断提升中间业务收入在整体收入结构中的比重。

（3）**强化风控管理**。随着用户生产场景、生活场景的物联网化升级，银行可通过物联网思维和技术实时感知信贷用户采购、原料库存、生产过程、成品积压、销售等真实信息，并将这些真实有效的信息处理成结构化数据、非结构化数据、离散数据、连续数据等数据集合，再通过大数据挖掘技术进行建模，刻画出用户的风险特征，实现对借款用户的风险识别、风险计量、风险监测、风险控制等风控流程的数据化处理、分析和决策。

（4）**实现渠道升级**。借鉴物联网思维和技术在传统零售行业的广泛运用，银行可加强对物理网点的物联网化改造，不断提升物理网点的智能化水准，通过物联网感知系统，对进入物理网点视线的金融消费者进行感知，利用大数据分析技术对其进行资产盘点、风险评估、偏好判断，借助人工智能机器设备为金融消费者及时提供合适的金融产品和服务，打破传统银行大堂经理、理财经理、柜面人员对客户的"询问式""问卷式""填表式"服务，切实让金融消费者感受到物理网点的智能金融服务。

（5）**优化管理流程**。银行通过引入物联网思维和技术可对内部管理流程进行优化升级，实现以物管物，从而有效规避因人员主观因素而造成的管理漏洞和缺陷。诸如在银行印章、发票、凭证等重要物件的管理流程中，银行通过借助感知箱、感知罩等物联网硬件设备，对重要物件进行24小时实时感知和跟踪，杜绝因操作人员不当使用而带来的风险。

5.4.2　5G与银行

5G，即第五代移动通信技术，是具有高速率、低时延和大连接特点的新一代宽带移动通信技术,是实现人机物互联的基础网络设施。国际电信联盟(ITU)定义了 5G 的 3 类应用场景,即增强移动宽带(eMBB)、超高可靠低时延通信(uRLLC)和海量机器类通信(mMTC)。增强移动宽带主要应对移动物联网流量爆炸式增长,为移动物联网用户提供极致的应用体验;超高可靠低时延通信主要面向工业控制、远程医疗、自动驾驶等对时延和可靠性具有极高要求的垂直行业应用;海量机器类通信主要面向智慧城市、智能家居、环境监测等以传感和数据采集为目标的应用。为满足 5G 多样化的应用场景需求,5G 的关键性能指标更加多元化。ITU 定义了 5G 的 8 个关键性能指标,其中高速率、低时延、大连接是最抢眼的:用户体验速率达 1Gbit/s,时延低至 1ms,用户连接能力达 10^6 连接 $/ km^2$。

1. 5G 的特征

5G 技术及其网络具有如下几个特征。

(1)**高速度**。由于 5G 基站大幅提高了带宽,因此 5G 技术能够实现更快的传输。同时 5G 系统使用的频率远高于以往的通信系统,能够在相同时间内传送更多的信息,具体表现在比 4G 快 10 倍的下载速率,峰值可达 1Gbit/s(4G 为 100Mbit/s)。

(2)**低延时**。相对于 4G 技术,5G 技术可以将通信延时降低到 1ms 左右,因此许多需要低延时的行业将会从 5G 技术中获益,如自动驾驶等相关行业。

(3)**泛在网**。5G 能够实现泛在网,即实现无死角的网络覆盖,实现用户在任何时间、任何地点都能畅通无阻地进行通信。

(4)**低功耗**。5G 网络能够降低物联网设备的功耗,使物联网设备能够在长时间不换电池的情况下连续工作,这有利于大规模部署物联网设备。

(5)**万物互联**。与 4G 技术相比,5G 技术支持百亿甚至千亿级数量的传感器接入,能够很好地满足数据传输及业务连接需求,将人、流程、数据和物紧密结合在一起。

（6）**重构安全**。5G通信在各种新技术的加持下，能够有效抵挡黑客攻击，保障安全。

2. 5G技术与银行业务、经营管理融合

5G技术与银行业务、经营管理融合，可产生许多新业态，带来许多新优势。

（1）**加速银行变革**。随着5G的商用推广，人工智能、物联网、新一代智能手机等都将迎来一系列技术突破，新技术必将带来新的需求、新的生产效率提升以及新的经济增长点。银行要利用金融科技赋能，抓住变革机遇，增强和扩展新技术在金融业的应用，加大新技术在金融场景再造中的作用，为自身注入新的生机与活力。通过5G技术和人工智能技术的完美结合，银行可实现万物互联，加快金融业与各行各业的数据共享，迈入智能金融时代。信息技术的发展有助于银行实现"互联网+"模式的转型，充分利用以大数据、云计算、物联网为代表的技术，在网点布局、智能机具AI边缘计算导入、后台AI拟人化等方面产生价值外溢效应，深化银行"科技赋能金融，创新驱动发展"的经营理念。银行数字化转型的方向将是5G、物联网、人工智能、远程交互、生物识别等核心技术不断融合的"5G+智能银行"模式。

（2）**催生金融新业态**。5G技术赋能的物联网，将为场景化金融产品带来新的发展。可穿戴设备、智能家电、智能汽车等都可以通过5G技术，像当前的智能手机一样融入不同的金融场景。金融产品的形态和服务将产生根本性变化，未来将实现科技与客户体验、线上与线下场景、金融与非金融生态的有机结合。大量的设备设施将纳入金融价值链，被赋予金融属性。金融将无处不在，人们对金融服务的感知将发生颠覆式改变。"无感金融"时代将真正到来。借助物联网，银行等金融机构可以通过海量、多态、相互关联的物品数据识别企业、个人和实物资产的属性，分析行为特征，有效解决数据的客观性和稀缺性问题，形成维度更广、可信度更高的金融信

用评价体系。同时，由于大量的物品特征数字化，银行能对动产赋以不动产的属性，进行资产抵押和管理操作，提高动产融资的可靠性。

（3）**改进银行服务体验**。4G 时代，得益于基础网络速度的提升，移动互联网得到快速发展，使得手机银行等金融产品和服务快速普及。然而，受网络时延等因素影响，用户体验不佳。5G 的极高速率、极低时延、极高可靠性可以极大地改善用户体验，使用户获得高速优质的金融服务。此外，5G 技术将进一步缩小空间距离限制，减少现有银行网点的服务盲区。5G 技术加速银行数字化转型。银行通过对各种资源进行精密分析，为业务决策提供更精细化和准确的指引，打造自己的金融生态圈。同时，伴随着 5G 技术的发展，VR 支付以及基于复杂生物识别的整体支付解决方案将得以推广应用。利用全息技术和 VR 技术，客户远程开户等业务将和现有的物理网点形成互补，实现"线上线下"渠道融合，提升对客户的综合服务能力。

（4）**驱动风控体系完善**。5G 技术使银行风险管理体系日趋完备。在 5G 基础上，通过人工智能和大数据技术，银行反欺诈智能风控平台识别风险更为精准和及时，可真正实现事前、事中、事后全方位风险管控。另外，还可减少电信诈骗犯罪数量，解决无证支付、断直连等支付问题。风险大数据平台在 5G 的促进下将日臻成熟，可进一步完善银行客户关系图谱和智能预警体系，不断提高风险客户的预警识别准确率。5G 还可以加快多维度风控模型与线上风控策略决策引擎的开发和优化，从而实现对运行效果监控的加强，以及金融科技与传统风控的有机统一。

5.4.3 区块链与银行

区块链是用加密算法保证按时间序存储的链式分布账本数据结构，具有不可篡改、不可伪造的特征。广义的区块链技术更强调遵循分布式架构和计算模式，即以块链结构存储与验证数据，依靠分布节点的共识算法生产和更新数据，以加密算法保证数据安全，利用代码的智能合约方式编码来操控数据。从本质上看,区块链是由一系列算法、技术、工具集构成的架构组合而成的数字分布式账本,由每个分布式节点把在一段时间内收到的交易数据和代码封装到一个数据区块中。此区块带有时间标记,通过特定的哈希算法和 Merkle 树数据结构链接到最新的区块上,变成更新的区块。在这个过程中,所有节点都求解哈希方程获取答案,新的节点生成后会向所有节点广播,该节点被验证后会被所有节点接受。区块链也被学者总结为一个"去中心的对等验证时间戳账本"。在经典的区块链系统中,不同时间点的数据存储于不同的区块之中,而各个区块依据时间顺序以链式结构进行关联。理论上,系统中任意运行的节点都有机会通过工作量证明来获取记账权利,并将相关数据记录于区块之中。其他节点则通过共识机制参与区块数据的验证、存储和维护。

1. 区块链的特征

区块链具有如下特征。

(1)**去中心化**。区块链是由众多节点组成的一个端到端的网络,在共享数据库中存储信息,打破了原来的中心化信息中介(如政府数据中心、银行数据库等)机制。信息对各个节点保持透明,没有中心化的设备和管理机构,部分节点的故障不会对整体系统产生影响。去中心化的平等效应赋予区块链透明、公开的特性。与传统的数据存储方式相比,区块链并不需要统一管理。因此,透明、公开、平等、低成本、高安全性等关键词就是"去中心化"赋予区块链的最大优势。

(2)**信任度高**。区块链用加密算法保证信息无法修改,通过共识算法保证数据的安全、连续、完整以及节点的相互透明,通过数字签名算法进行验证和构建联盟链,以保证不同企业间的信任。这些算法在整个链中保证企业无法相互欺骗,从而提高交易效率、降低交易成本。

(3)**完整性好**。系统的每一个节点都含有最新的完整或者部分信息,以致单点甚至多点的修改也无法改变信息的完整性。同时,相邻节点串联可追溯，这为审计查账、物流查询等提供了具有高信任度的追踪途径。

（4）**安全性高**。区块链依赖加密技术来实现数据安全。基于区块链的交易在匿名下进行。区块链总账本由所有分布式网络节点共同管理，账本的修改需要所有节点达成共识。因此单个节点出问题或被黑客攻击等，无法影响整个系统，这保证了系统的整体安全性。

（5）**透明度高**。区块链的数据生成、存储、修改机制决定了其与中心化数据系统最大的不同是共享程度高、无法伪造和篡改数据、可追溯数据，这确保了节点之间高度透明，容易建立信任关系。因此，区块链能够非常好地解决金融行业里广泛存在的陌生人信任难题、信息不对称问题和信息孤岛问题。

2. 区块链与银行业务、经营管理融合

区块链与银行业务、经营管理融合后，会有许多新的优势和机会。

（1）**形成新的信用机制和体系**。传统风控模式下，客户信息涉及面广、环节多、收集链条长，且存在成本高、信息不完整、决策程序冗长等问题。大数据风控虽然效率更高、信息更可靠、时效性更强，但仍然存在数据孤岛、数据权威性存疑等现象。区块链技术通过技术背书的方式重新进行信用创造，其与银行业务融合可带来如下好处。

- **信息可靠**。区块链具有的不可篡改特性能够确保交易信息的可靠性高于大数据风控模式，同时可以避免客户经理因主观问题带来道德风险。
- **信用建立成本低**。去中心化使得银行不再依赖征信公司等中介机构。
- **信息公开透明**。区块链依靠程序算法记录、存储海量数据，在信息传递过程中能够做到公开透明，这对消费贷款和小额贷款尤为适用。

（2）**形成新的场景价值链**。作为互联网金融的创新形态，场景金融颠覆了传统银行的柜台服务模式。银行可把各种金融服务融入场景，如社交

场景、网购场景、旅游场景等，以增强客户的体验感，进而形成一个依托场景的资金闭环和金融服务生态圈。区块链具有灵活的架构，可以根据不同的应用场景、用户需求、客户结构和资金运转流程创造一个相对独立的短路径区块链，这可进一步促进场景中金融与实体经济的融合。这种新的业务模式具有如下优势。

- ❑ 进一步提高客户的黏性和稳定性，使之更加依附场景金融。
- ❑ 客户业务信息被记录，从而使银行业务的安全性高，证伪性更强。
- ❑ 场景客户的金融需求依托由区块链生成的 P2P 信用运行机制即可被满足，不再依赖于传统的银行信贷服务，同时客户也不再依赖大数据中心来生成信用报告。

（3）**形成新的支付结算方式**。支付、清算、结算是现阶段区块链在银行应用较为成熟的领域，特别是跨境支付结算、同业清算。区块链赋能相关业务可以明显提升业务办理效率，降低金融机构间的对账成本，解决有争议的成本问题。运用区块链技术后，银行在支付、清算和结算过程中无须第三方参与，即可以实行点对点的价值结算，从而降低价值转移成本，缩短清算、结算时间。同业之间支付、清算、结算，之前一般遵循具有较强约束力的法律法规、行业惯例、内部约定，在应用区块链后，可通过智能合约实行自动化与智能化支付、结算，减少了人工干预，降低了操作风险。

（4）**形成新的运行逻辑**。传统银行多方交易的业务链条中影响效率的主要痛点是：信息不透明，欺诈频发；信任传递链条长，多方信任难以形成合力；人工干预过多，自动化程度低，交易周期长，可能滋生道德风险和操作风险。区块链可以将交易规则和基础制度固化进底层协议里，实现金融基础设施的标准化和自动化，通过对全业务链条优化，可较好地解决银行、客户及第三方合作者之间的信任问题以及以往交易中的痛点和顽疾，提升业务效率，从而大幅度降低银行经营的复杂程度和风险管控难度，提升营运效率，降低行业门槛。从目前来看，区块链对客户信用评价、票据交易、跨境支付及清算、证券发行交易影响最大。

5.4.4 云计算与银行

云计算是 IT 基础设施的新型交付与分布式使用模式，即一种通过网络可伸缩特性，弹性地贡献物理和虚拟资源池，以便客户以按需服务的方式使用和管理相关资源的模式，其中所说的资源主要包括服务器、操作系统、网络、软件、应用和存储设备等。从服务内容角度看，云计算包括基础设施即服务（IaaS）、平台即服务（PaaS）、软件即服务（SaaS）几种业务模式。按产品的适用范围划分，云计算可分为公有云、私有云和混合云几种类型。

1. 云计算的特征

云计算具有如下特征。

（1）**大规模**。"云"具有相当大的规模，Google 云已经拥有 100 多万台服务器。Amazon、IBM、Microsoft 等企业的云均拥有几十万台服务器。企业私有云一般拥有数百上千台服务器。"云"能赋予用户前所未有的计算能力。

（2）**虚拟化**。云计算支持用户在任意位置使用各种终端获取应用服务。用户所请求的资源来自"云"，而不是固定的有形实体。应用在云中某处运行，但实际上用户无须了解，也不用担心应用运行的具体位置。用户只需要一台笔记本或者一部手机，就可以通过网络服务来实现需要的一切，甚至包括超级计算这样的任务。

（3）**可靠性**。云基于数据多副本容错、计算节点同构可互换等措施来保障服务的高可靠性。使用云计算比使用本地计算机可靠。

（4）**通用性**。云计算不针对特定的应用。用户在云计算的支撑下可以构造出千变万化的应用。同一个云可以同时支撑不同的应用运行。

（5）**扩展性**。云的规模可以动态伸缩，满足应用和用户规模增长的需求。

（6）**按需性**。云是一个庞大的资源池，支持用户按需购买，即云可以像自来水、电、煤气那样按流量计费。

（7）**廉价性**。云的自动化集中式管理使大量企业无须负担日益高昂的数据中心管理成本。云的通用性使资源的利用率较传统系统大幅提升，因此用户可以充分享受云的低成本优势。例如，用户只要花费几千元用几天的时间就能完成以前需要数十万元用时数月才能完成的任务。

（8）**危险性**。当前，云计算服务提供商主要是私企。政府机构、商业机构（特别像银行这样持有敏感数据的商业机构）在选择云计算服务时应保持足够的警惕，一旦大规模使用私企提供的云计算服务，就存在被挟制的可能性。

2. 云计算与银行业务、经营管理融合

云计算与银行业务、经营管理融合，主要从如下几个方面进行。

（1）**基础设施方面**。为了适应互联网业务海量、高频、波动大的特点，部分银行建设全行 IT 资源池化管理的 IaaS 云平台，并应用超融合架构，将数据中心延展到总分支机构，实现银行企业内部 IT 资源供给的变革。基础设施云由全行开发测试云、总行生产云、总分两级分布式资源池构成的分行生产云组成。一方面，银行利用云管理平台提升基础设施的部署效率和自动化水平，实现基础资源的集中管理、高效供给与动态调配，有效缓解业务增长与系统资源稀缺的问题；另一方面，银行通过面向应用系统的服务目录提升用户体验及资源使用的规范性。云管理平台实现云服务门户、云服务管理、云服务运维等主要功能，并与现有运维平台集成，协同完成基础设施云服务全生命周期的运维和管理。

（2）**平台服务方面**。部分银行基于 IaaS 云平台，积极探索平台级的云服务，在大数据计算、区块链、容器、数据库等方向投入资源和人员，针对不同技术特点进行封装组合，提供针对性的底层基础技术平台支撑，固化技术能力，建立大数据应用开发平台，提供企业级海量数据存储、计算、分析挖掘等服务，为数字化转型全面布局提供底层基础技术平台支撑，从而协助银行提高研发和运营效率。部分银行的大数据应用开发平台是大数据赋能业务转型的重要支撑，对上层的大数据应用提供平台级的云化支撑能力，通过建设基于微服务技术的服务层，对底层技术接口进行封装，降低应用开发难度；通过搭建在线查询集群提供高并发秒级响应的 K-V 查询能力，实现数据服务的前置化，覆盖对公、零售、风险管控等主要业务条线。

（3）**应用服务方面**。部分银行结合业务特色，创新性地建设云缴费服务、现金管理云服务、托管云服务。其中，云缴费服务是基于互联网思维建设的开放式缴费服务平台，将各种缴费场景和云计算技术整合到一起作为一体化服务进行输出，为个人及企业客户提供随需随用的在线服务。现金管理云服务是利用银行在信息系统软硬件方面的资源优势，通过专业的金融信息系统管理团队，将企业资金管理系统（数据库、应用服务器）部署到服务平台，再通过该平台为客户构建现金池、票据池，并提供账户管理、投融资、结算管理、流动性管理、预算管理、信息查询等服务，以满足客户深层次、精细化现金管理需求。托管云服务是基于云计算技术的标准化产品，面向广大的企事业单位、公司及网站用户，可为用户节省信息化过程中的硬件成本，助力企业用户发展；面向企业的服务系统，可以节省企业主机托管的一次性费用，并且可以提供包括数据热备份、数据热迁移、灾备、容错等增值服务。

5.4.5 人工智能与银行

人工智能是研究、开发用于模拟、延伸和扩展人的智能的理论、方法、技术及应用系统的科学。它企图深挖智能的实质，并基于此生产出一种新的能以与人类智能相似的方式做出反应的智能机器。从诞生以来，人工智能理论和技术日益成熟，应用领域也在不断扩大，目前已覆盖机器学习、语音识别、图像识别、自然语言处理和专家系统等方向，未来或可以对人的意识、思维等进行模拟。

1. 人工智能的特征。

人工智能具有如下主要特征。

（1）**依托算法和数据**。人工智能系统可按照人类设定的逻辑或算法通过芯片等硬件载体来运行或工作。其本质是计算，即通过对数据的采集、加工、处理、分析和挖掘，形成有价值的信息流和知识模型，从而提供延伸人类能力的服务，实现人类期望的对智能行为的模拟。在理想情况下，其必须体现服务人类的特点，而不应该伤害人类，特别是不应该有目的性地做出伤害人类的行为。

（2）**可以感知与交互**。人工智能系统应能借助传感器等器件产生对外界环境（包括人类）感知的能力，可以像人一样通过听觉、视觉、嗅觉、触觉等接收来自环境的各种信息，对外界输入以文字、语音、表情、动作等形式做出必要的反应。借助按钮、键盘、鼠标、屏幕、手势、体态、表情、力度反馈、VR/AR等方式，人与机器可以产生交互。通过人工智能，机器设备能更好地理解人类乃至与人类共同协作、优势互补。

（3）**能够学习和迭代**。人工智能系统在理想情况下应具有一定的自适应特性和学习能力，即具有一定的随环境、数据或任务变化而自适应调节参数或更新优化模型的能力。人工智能系统还应能在上述基础上与云、端、人、物进行深度连接，以实现机器客体乃至人类主体的演化迭代，来帮自己应对不断变化的现实环境。

2. 人工智能与银行业务、经营管理融合

人工智能与银行业务、经营管理融合，可产生如下新的变化。

（1）**智能营销，提供个性化的营销服务**。智能营销基于客户购买行为、个人特征、社交习惯等相关数据，利用深度学习相关算法构建模型，来刻画准确全面的客户画像，对产品服务和营销活动准确、有效地进行匹配和传达。在精准获客阶段，智能营销通过建立联合前置规则与智能匹配引擎，支持客群定向推送，以满足银行对于用户精准推荐的需求，进而筛选出优质用户。在客户运营阶段，智能营销可以针对睡眠用户，提供特定的唤醒策略；针对低价值、低活跃客户，提供交叉销售机会；针对高价值用户，寻找特征相近的潜在用户，并为其提供营销建议。

（2）**智能投顾，提供资产配置和自动化交易服务**。智能投顾基于算法为客户提供资产配置管理、金融产品定制和自动化交易服务，即通过各种投资分析方法和机器学习，自动计算并提供资产配置建议，乃至自动化交易服务。具体来看，在资产配置管理方面，其可以根据客户的投资期限、风险偏好、回报预期等要求，形成个性化的资产配置和投资策略方案，并引导用户合理配置资产；在定制金融产品方面，其可以将客户的性别、年龄、投资能力、流动性、负债水平、资金规模等要素融入客户风险偏好、资产偏好，为客户定制合适的金融产品；在自动化交易方面，其可对股权、债券、期货、外汇、贵金属等投资业务，通过量化算法进行建模，利用自动化算法参与交易。

（3）**智能客服，提供自然的交互体验**。银行为确保客户服务质量，通常会建立大规模客服中心。随着语音识别、语音合成、知识库等技术的逐渐成熟，银行客服中心引入了智能客服系统，即运用语音识别和语音合成模块替代人工来与用户交流沟通，采用自然语言处理技术替代人工来操作话单或工单，使用知识管理模块取代原有的知识库。智能客服可以实现"应用—数据—训练—应用"的闭环，还可以分析客户提问，了解服务动向和客户需求，助力舆情监控和业务发展。未来，金融领域的智能客服系统渗透率将达到20%～30%，可以解决85%以上的客户常见问题。

（4）**智能风控，提供精准的风控服务**。智能风控利用人工智能技术对业务特征、客户行为、交易关联关系等进行分析评估，可以有效提高风险评估的准确率，实现可疑交易的事中阻断，及时化解风险，有效巩固银行的风险控制系统。传统风险评分方法考虑的是风险因素，且风险拟合相对简单，而智能信贷评分方法采用深度学习等算法，可以挖掘客户海量弱特征数据，建立起更有效的风控模型，使信贷决策更加科学。智能反欺诈系统能够优化每个环节的程序：在事前评估阶段，通过建立完善的风控模型和应用策略体系，剔除高风险用户；在事中监控阶段，监控异常账户和套现行为，及时进行预警并拦截异常交易；在事后处理阶段，将套现欺诈用户加入黑名单，优化欺诈策略和模型。

（5）**智能运营，提供智能的运营管理服务**。智能运营运用OCR识别、语义理解等技术，可发挥机器高效的生产效率，简化业务操作流程，降低业务运营成本，实现高效、准确、智能的运营管理与服务体系。例如，银行在业务运营部门推出流程机器人，实现客户信息自动采集、书面材料自动核验等业务流程的自动化，让机器代替人工来完成大量简单复杂的重复劳动；在财务会计部门推出财务机器人，实现对票据、报表等文本的自动识别与处理，缩短财务报销的办理时间；在客服部门推出催收机器人，实现对信用卡逾期客户的智能外拨与语音催收，提升催收的效率和质量；结合区域人流量、潜在收益分析等情况，为网点布局、自助设备布设提供科学的决策支持。

5.5 三大未来银行新模式

未来，在技术高度发达并与银行业务深度融合的前提下，银行经营管理模式将发生深刻变革。银行获取客户、信息、资金的空间将持续拓展。"开放银行"模式将成为银行融入生产生活的主要模式，使银行的各项经营管理模块更加标准化、规范化。"数字银行"模式将引领银行进一步提升金融服务水平，使银行在前端感知层面、中端传输层面、后端决策层面更加符合理性思维。"智慧银行"模式将带领银行在未来不确定的环境中找准目标、方向和路径，推动银行行稳致远。

5.5.1 开放银行

开放银行是信息网络化、数据化以及客户行为变化发展到一定阶段的产物。开放银行最早由英国和欧盟提出。国内明确提出"开放银行"一词的时间并不长,但是我国围绕着银行的业务和服务的开放进行的实践早已有之。总体来说,开放银行是银行在监管允许的范围内,经客户授权利用 API、SDK、H5、小程序等技术形式实现与第三方(其他银行业金融机构、金融科技公司、垂直行业企业)资源共享,即实现各主体之间产品和服务、金融数据和技术共享,从而给用户提供更易触达、使用且具有更佳体验的一整套金融服务解决方案。开放银行的目标是提高金融服务能力、推动普惠金融的发展。开放技术、资源共享和平台合作是开放银行的3个要素。其中,开放技术是基础,资源共享是本质,平台合作是模式。

1. 开放银行的特征

开放银行具有如下主要特征。

(1) **聚焦长尾客户**。传统银行都倾向于遵循"二八法则",将经营重心放到为数不多的头部客户上。尽管这种经营策略收益可观,但产品和服务同质化现象突出,面临着十分严峻的竞争威胁。为此,银行进行数字化转型,就必须考虑到如何切实服务好长尾客户。在这方面,高速成长的互联网企业提供了丰富经验,开放银行是银行业运用相关经验的典型实践。因此,建设开放银行要基于成本可控和客户体验,针对长尾客户个性化需求来优化产品与服务,将零散小市场累加为规模可观的大市场。

(2) **融入多元场景**。在开放内容上,数据与业务虽然都具有巨大价值潜力,但是只有将它们嵌入具体的场景,这些价值潜力才能发挥出来。这些数据与业务所嵌入的场景越多,能创造出的价值就越大。自建App是银行拓展场景范围的传统手段,但经过多年尝试发现这种手段效果不佳。数据显示,排名前十的银行App日活数之和居然不足支付宝日活数的20%。

比较来看，场景的多元化程度是这个差距产生的首要原因。支付宝不仅是支付工具，还接入了几乎无所不包的日常生活方面的实用功能。因此，决定开放银行建设成效的最关键要素可能不在于开放内容的多少，而在于所服务的场景的多元化程度，这就要求银行不能简单追求传统产品与服务线上化，更应结合不同场景开发全新的产品与服务。

（3）**构建合作网络**。开放银行意味着银行不再单独服务客户，而是与诸多市场主体合作来共创客户价值。因此，相较于能够被自身有效控制的数据与业务，能否找准合作对象并实现高效协同对于开放银行来说影响更大。场景提供方、金融科技公司、同业、监管部门等市场主体都是合作对象，不同合作对象的资源储备和利益诉求不同，导致彼此之间关联度也不同。毫无疑问，协同这些多样化的市场主体将是一项十分复杂的工作。开放银行也绝不仅简单表现为以一对一的方式进行线性开放，而是以网络化的方式形成生态圈。

（4）**融合金融科技**。开放银行的外显形式是连接多场景的平台模式，底层思想是主动运用 API 等技术来重构商业模式。其实，除了基础的 API 技术之外，银行数据与业务的开放效果还取决于科技开放程度。开放银行为金融科技应用提供了试验场，并丰富了其想象空间。为了提升科技开放程度，银行一方面应理性评价是自建科技公司还是与第三方金融科技公司合作，另一方面应大胆使用金融科技。例如，苏宁银行构建的基于区块链的黑名单共享系统已经被多家金融机构接入，实现千万级黑名单数据的共享共用。

2. 开放银行的业务模式

开放银行在业务和商业方面会有多种表现形式，下面就几个方向来介绍。

（1）**向更广泛的客户延伸**。在 C 端，开放银行的金融产品和服务嵌入场景从购物、餐饮、交通等强金融场景延伸至旅游、医疗、教育等弱金融场景，未来或将完成全部消费场景的覆盖，实现银行服务无处不在的极致金融消费体验。在 B 端，开放银行的金融产品和服务嵌入企业内部管理与外部交易场景，进一步降低获客门槛，同时有效利用沉淀的经营管理、资金交易等数据，实现精准风控，从而提升服务长尾客户的质效。在 F 端，大型银行向中小型银行输出相对成熟的开放银行技术，推进银行业共建共荣。在 G 端，智慧城市建设深入推进，第三方金融科技公司、银行金融科技子公司和政府共同建设政务平台，将生活缴费、医疗、税务、公积金、社保等场景线上化、数字化，为开放银行的金融产品和服务嵌入提供了闭环体验。

（2）**向更丰富的模式延伸**。开放银行一方面利用自身流量优势在自有渠道销售第三方产品，另一方面利用技术优势将第三方产品整合到自有 API 平台，输出到第三方场景。开放银行提供差异化金融产品和服务，包括自身金融产品、其他银行金融产品、非银行金融机构金融产品等，构成一站式综合金融服务平台。

（3）**向更优化的体验延伸**。开放银行将有效提升客户体验，一方面依托银行前中后台各部门的流程再造和运营体系重塑，与场景方共同重塑客户旅程；另一方面依托第三方场景吸引客户并对其进行价值挖掘和需求识别，然后将客户从场景端引导至银行内部具有最优交付模式的部门或功能处，比如引导到线下客户经理、运营人员、线上自助服务系统等处，从而实现交付资源的最优配置。

（4）**向更精准的产品延伸**。SaaS 层 API 将进一步解耦和量子化。开放银行货架上将出现的颗粒度更细的 PaaS 层 API，以便于产品供给方灵活拼装产品功能，从而有效提升个性化金融产品的定制效率。有的 API 由开放银行根据客户需求进行量子化模块的组合与封装，有的 API 由外部供给方自助封装。SaaS 层 API 的解耦和量子化，本质上是对银行内部信息系统进行重构，构建产品中台，通过排列组合 PaaS 层 API 生成 SaaS 层产品应用，以敏捷响应客户多元化需求。同时，开放银行通过数据打通，使客户画像描绘更加精准，使客户需求越来越清晰、丰满，这都是真实实现"千人千面"的基础。

5.5.2 数字银行

数字银行的典型表现是银行以数字技术为支撑,以数字资产(例如数字货币等)为引领,实现各项经营管理活动和职能的全面数字化。从外部看,对于客户而言,银行提供的金融产品和服务高度数字化、标准化、精细化,能够满足复杂的、多变的、细致的金融需求和潜在需求。从内部看,银行各项业务之间的连接逻辑高度抽象,能够以提升金融产品和服务价值为核心目标,建立从前端到后端的快速响应机制。

1. 数字银行的特征

数字银行具有如下主要特征。

(1)**经营模式数字化**。数字银行以大数据应用为前提,改变了以往依靠增加网点数量、人员数量等手段扩大业务规模的粗放式经营模式,开始走向提升经营管理质效的内涵式价值创造模式。通过数字技术,银行推出模块化的商业服务和规范化的业务流程,而组成这些商业服务和业务流程的通用数据、规则、机制均可实现资源快速配置。通过简化的经营模式,数字银行能提高商业洞察能力、需求响应能力,从而提升客户服务能力,进而提升市场竞争能力。

(2)**业务体系数字化**。数字银行通过数字技术将前中后台有机融合,强化数字技术与应用在业务协同中的价值,在客户营销、产品创新、风险管理、经营决策等环节真正以数字为驱动,加强以总部统筹为核心的集约化经营管理体系。在客户营销方面,数字银行参与构建新的金融生态圈,将金融产品和服务融入生产生活,重构获客方式和渠道,不仅可以扩大获取客户的覆盖面,还可以提升获取客户的精准度。在产品创新方面,数字银行通过对业务流程、运营体系的重塑,能够根据客户行为等信息快速生成复合化的金融产品和服务方案,从而提高客户服务体验和满意水平。在风险管理方面,数字银行借助大数据技术优势,可以前瞻性地识别并且全面管理各类风险，利用高阶分析工具，模拟投资风险、预期回报、资本配置等参数。在经营决策方面，数字银行将业务数据以及分析结果全部集成到信息管理体系，为整个业务、财务、风控等部门提供系统、可靠、实时的信息，以帮助管理层及时做出科学决策。

（3）**客户价值数字化**。银行数字化转型的重点是价值衡量方式的转变。高效率、高价值、低成本以及不对称的信息创造与处理方式是实现价值衡量方式转变的前提。数字银行应建立强大的客户数据分析平台，运用前沿机器算法，提高对客户经营管理、风险收益平衡的洞察，实现对每个客户细分价值的深刻理解，从而向客户提供有针对性、创造性的金融产品和服务，提升客户对银行整体价值的贡献。

（4）**功能定位数字化**。数字银行拥有资金交易这一高质量数据信息。大数据技术将助力数字银行将该优势充分发挥出来。数字银行的功能定位由过去的资金中介转变为信息中介，由过去的存、贷、汇服务者转变为信息获取者、加工者、提供者。

2. 数字银行的业务模式

数字银行的几种主要业务模式如下。

（1）**数字化客户营销**。借助大数据技术，数字银行可以覆盖传统银行不愿意发展的细分市场和细分客群，实现对客户的精准化、批量化获取，从而降低获取客户的成本。同时，根据客户的交易行为信息，数字银行可有效划分潜力客户、优质客户和流失客户，并在此基础上制定差异化经营策略，以便实施个性化营销。需要指出的是，为了更好地对接客户需求，数字银行还需要进行场景创新，一方面扩大客户群体，另一方面找准深度融入客户生产生活的场景。在新的金融生态圈中，金融服务将不再独立存在，而是嵌入各个生产生活场景。数字银行应借助数字技术优化场景建设，既让客户感到金融服务无处不在，又不会感觉过于刻意。

（2）**数字化产品创新**。运用大数据技术，数字银行在原有划分基础上可对客户进行更细分类,从而根据每个客户的具体特征为其定制金融产品和服务,比如贷款额度、期限、还款方式等,真正做到金融产品和服务个性化。同时,数字银行可以通过大数据分析深入了解客户习惯,预测客户潜在需求,为进一步创新产品和服务提供基础。此外,数字技术还可以支持追溯产品和服务成功或失败的原因,为后续创新提供经验和借鉴。

(3)**数字化风险管控**。数字银行可利用大数据技术,完善风险定价模型,并针对不同客户群体和金融场景分别建模。例如,对于信用风险,数字银行可利用数字化风控模型,提升信贷业务开展过程中的风险控制能力,有效实现客户准入判断、风险识别和产品定价;对于操作风险,特别是欺诈风险,大数据技术有着传统管理方法不可比拟的优势,因为其可在对诸多行为数据分析和挖掘的基础上,不断改进计算模型,以提升风险识别能力。

(4)**数字化经营决策**。传统的经营决策主要依靠高级管理人员的经验和主观意识,且决策过程大多依托定性信息。数字银行以大数据技术为支撑,依靠数字信息的深度挖掘驱动经营决策,且在决策过程更加依托定量信息,从而对不同业务板块、不同经营机构、不同金融产品和服务的整体经营绩效做出全面、合理的评价和预测。

5.5.3 智慧银行

智慧银行以客户需求和体验为中心,运用人工智能、区块链、大数据等新兴技术,实现线上、线下的互动与结合,进行资源的重新配置,再造银行模式,提升服务能力,替代人工服务。

1.智慧银行的特征

智慧银行的主要特征如下。

(1)**能预判客户需求**。运用深度学习技术,银行可以通过预测模型,提前判断客户需求变化规律，预测金融交易趋势，以帮助银行提前做出相应调整。近年来，人工智能进入投资顾问领域，基于个人投资者的收益目标、风险偏好以及风险承受水平等与需求相关信息，根据市场情况，运用机器算法及投资组合等理论模型，为客户提供智能化的投资参考，这有助于平衡资产配置。

（2）**能识别和提升客户情感黏性**。通过语音识别和自然语言处理等技术，智慧银行可以使各类系统具有表述、识别和理解喜怒哀乐的能力。一方面，智慧银行可以使各类系统界面具有"人情味"，以形成自然而亲切的人机交互，营造真正和谐的人机关系；另一方面，智慧银行可以更好地识别客户的意志目标、价值观念、认知方式等，从而为客户创造更多符合其情感偏好的产品或服务方式。

（3）**能实现服务的自动化**。语音识别和自然语言处理技术在银行中面向自然语言理解、大规模知识处理、自动问答等领域提供相应的应用，其中智能客服系统是一种典型代表。智能客服系统不仅能为客户提供知识管理服务，还能使银行与海量用户建立有效沟通，提高银行服务质量。此外，智慧银行中的智能客服系统还能根据以往经验进行自我学习，不断实现优化升级。

（4）**能前移关口，主动发现风险**。通过人工智能及其图谱技术，智慧银行可整合内外部数据，并主动对行业进行全景式扫描，开展行业传导因子分析。通过在贷前、贷中、贷后进行定期或不定期扫描，对公客户和小微客户风险状况进行识别和判断，可以有效开展风险预警，在出现突发事件时，及时通知相关人员。这帮银行实现了关口前移。

2.智慧银行的业务模式

智慧银行的业务模式主要有如下几种。

（1）**建立智慧网点**。物理网点是银行与客户直接接触的主要传统渠道，在目前经济形势下，简单的开户、存贷、汇款等功能已经不能满足客户需求。物理网点升级势在必行。智慧银行是传统银行、网络银行的高级阶段形式，基于"金融＋科技＋生态"的整体思路，引入5G、人工智能、区块链、物联网等技术，通过产品、服务、流程、设备、程序的衔接与交互，形成集中、统一、立体的物理网点智能化服务体系，并打造全功能、全智能模式的新型金融服务体系。与传统银行相比，智慧银行＋物理网点具有如下特征：业务流程更加合理高效，服务渠道协同性更高，产品和服务更具科技性。

（2）**开展智能营销**。目前，大多数客户存在个性化、碎片化、动态化需求，如何满足这些需求成为很多银行迫切想要解决的难题。智慧银行中的智能营销成为一种有效解决方法。智能营销的出现很大程度上缓解了这个痛点。智能营销的本质是以客户为中心，以前沿科技为基础，在人工智能和大数据的驱动下，满足消费者的个性化需求，提升银行的销售能力。相比于传统的营销模式，智能营销具有如下低成本、高效率、个性化、灵活的特征。智能营销的核心思想是对目标客户准确识别，运用先进的技术手段，提供精准的产品和服务。一个完整的智能营销方案通常包括数据加工层、数据业务层、数据应用层，并形成一个持续调优的营销生态系统。

（3）**提供智能投资顾问服务**。智慧银行中的智能投资顾问是根据投资者的不同理财需求，通过算法搭建数据模型，完成之前由人工提供的理财顾问服务。在投资理财过程中，智能投资顾问能体现智能的环节有3个：投前，运用智能技术提供自动化投资风险倾向分析，导入场景化需求，为投资人提供理财目标分析等；投中，实现自动化分仓交易，提供交易路径的最大效率或最小成本算法，以及对比市场动态所衍生的交易策略等；投后，提供自动化账户净值跟进、自动调仓提示、智能客服及其他可预先设定场景的服务规划等。与传统投资顾问相比，智能投资顾问具有费率低、效率高的特征，可以让大众客户也能获得专业、个性化的高效金融投资顾问服务。同时，投资顾问的投资信息相对透明，由机器人严格执行事先设定好的策略，能避免投资人对投资顾问个人看法等情绪化影响。

（4）**提供智能客服**。以往的传统客服以人工客服为主，存在成本支出较高和客户咨询完成效率不高等问题。智慧银行中的智能客服基于自然语音识别和以人工智能驱动的机器学习技术，能够不断积累问答知识，丰富自身语言体系，从而更好地为客户提供服务。智能客服的核心技术包括语音识别、自然语言处理、语音合成，部分还涉及计算机视觉技术。

（5）**实现智能风控**。银行是高负债运营的实体，风险控制是核心板块之一。智慧银行对新兴技术的大量运用，使得风险控制的理念和手段日益完善。相较于银行传统的风控模式，智能风控具有以下特征：一方面，从"单向型决策"过渡到"复合型决策"。传统风控模式主要是分析客户收入状况、财产状况和征信记录等静态历史数据，以此为依据判断客户的信用状况和还款能力，然后进行授信放贷。智能风控是通过收集客户各方面的信息，进行相关性分析，依托客户模型判断信用等级，从而突破传统授信方式的瓶颈。另一方面，从"经验决策"过渡到"模型决策"。传统银行在信贷审批过程中，无论是尽职调查还是审核判断，都是对提交的各种材料进行人工研究、分析、判断，不仅审批时间长，而且非常依赖个人经验，不同人得出的结论可能存在较大差异，这本身就是一种风险。而智能风控利用随机森林等机器学习模型进行智能决策，极大地提升了分析的科学性和有效性。

第6章 银行业务与数据融合——全景化

从当前实际看,数据治理较为滞后,在一定程度上阻碍了银行数字化转型进程,这主要表现在如下几个方面。

(1) **数据标准体系不健全**。这主要体现在3个方面。

- 企业级数据模型标准化滞后,即元数据标准化滞后。元数据是描述数据的数据。目前,我国银行的元数据管理还停留在初级阶段,即元数据分散于日常的业务和职能管理中,且只在局部使用。
- 主数据和参照数据标准化滞后。主数据和参照数据标准化是银行数据标准化的核心。目前,较多银行由于信息系统孤岛式建设,导致系统之间数据口径、加工方法迥异。同一字段的数据在不同条件下含义不尽相同,相互间的可用性也较差。
- 指标数据标准建设滞后。指标数据标准是对银行业务所涉及指标项的统一定义和管理。这些指标不仅需要在业务系统中统计和展现,还需要在数据分析系统中展现。由于没有实现指标数据标准化,很多银行在需要数据时,必须从所涉及的各系统、表库中进行分析和定义,成本较高。

(2) **数据管理体系不完善**。这主要体现在4个方面。

- 数据治理的组织体系不完善,数据源头部门对数据管理参与度不够。
- 缺乏有效对数据治理流程的管理。当前主流采用的条块的管理架构让数据的管理呈现条块分割状,这导致跨领域、跨系统的数据治理沟通成本高、协调难度大。
- 缺乏统一的数据质量管理体系。数据质量是数据的生命。银行只有建立全过程质量管理体系,才能让数据真正发挥作用。
- 缺乏有效的数据责任追究制度。当出现数据问题,除非是重大数据问题,不然银行很少会进行后续的跟踪管理和规范治理,以及相应的责任追究,这不利于数据的长期治理。

（3）**数据治理工具和技术体系建设滞后**。目前，很多银行还缺乏统一的数据治理技术平台和工具，也没有真正落实数据管理体系，这导致在实现数据管理自主化、提高数据管理效率的过程中，还不能从根本上消除各业务系统的信息孤岛，不能为数据资源中心与外部数据系统提供高效数据服务。

受上述因素影响，许多银行数据资产的价值难以发挥出来，这表现在如下两个方面。

（1）**数据质量不高**。

- 准确性方面，大量的业务统计需要较多人工干预和手工操作。
- 一致性方面，数据标准设置还不够完善。
- 完整性方面，线上与线下、借记卡与贷记卡、公司与个人数据尚未完全融合。
- 时效性方面，分行基层人员看不到最新的数据，某些数据滞后时间较长，数据服务能力还达不到经营管理的要求。

（2）**数据对经营管理的支持仍需加强**。许多银行在充分运用智能化分析手段、加大数据挖掘深度、提升数据价值方面仍有差距。例如，在客户营销领域，客户经理不能及时、准确获取头寸、收入、利润、成本等信息，导致在营销活动时缺乏精确数据指导。

"数据"是数字化转型的内容，业务与数据的融合是银行数字化转型的必经阶段。从数字孪生视角看，在银行整个经营管理的动态链条上，任何一个客群、任何一款产品、任何一项流程、任何一类机构、任何一位员工的相关要素都可以及时、准确地映射为相应的数字形式，从而描绘银行经营管理的"全景"，为科学决策、有力推进数字化提供强大的支撑和引领。当然，要完成经营管理的全景转化，银行不仅要充分运用、有机融合各种前沿技术，还要在梳理管理架构、细化财务标准、搭建业务流程的基础上，进一步归纳经营管理深层逻辑，构建数字映射底层规则，从而实现数据全景化获取、转化、挖掘、传输和存储，为实现经营管理跃升、推进高质量发展夯实基础。

6.1 数据治理：数据管理顶层设计

数据治理是指银行通过建立组织架构，明确董事会、监事会、高级管理层及内设部门等在数据方面的职责，通过制定和实施系统化的制度、流程和方法，确保数据统一管理、高效运行，并在经营管理中充分发挥价值的动态过程。银行应将数据治理纳入公司治理范畴，建立自上而下、协调一致的数据治理体系。除明确董事会、监事会、高级管理层和相关部门在数据治理领域的职责外，数据治理还包括以下内容。

（1）在数据管理方面，数据治理包括制定和执行数据战略、制定数据管理制度、建立覆盖全部数据的标准化规划、完善数据信息系统、加强数据采集统一管理、建立数据安全策略与标准、加强数据资料统一管理、建立数据应急预案、建立数据治理自我评估机制、建立数据激励和问责机制等。

（2）在数据质量控制方面，数据治理包括确立数据质量管理目标、建立数据治理控制机制、建立覆盖数据全生命周期质量监控体系、加强数据源头管理、建立数据质量现场检查制度、建立数据质量考核评价体系、建立数据质量整改机制等。

（3）在数据价值实现方面，数据治理包括充分运用数据分析，合理制定风险管理策略、风险偏好、风险限额以及风险管理政策和程序，有效识别、计量、评估、监测、报告和控制各类风险，提高数据加总能力，提高风险报告质量；充分评估兼并收购、资产剥离等业务对自身数据治理能力的影响；准确理解客户需求，提供精准产品服务，提升客户服务质量和服务水平；量化分析业务流程，减少管理冗余，提高经营效率，降低经营成本；

实现业务创新、产品创新和服务创新；按照可量化导向，完善内部控制评价制度和内部控制评价质量控制机制等。

6.2 数据资产：数据管理核心

数据资产是指以数据为载体和表现形式，能够持续发挥作用并且带来经济效益的数字化资源。数据资产能够为组织带来潜在价值或实际价值，能够评估、交易（以货币计量）包含结构化数据、非结构化数据和半结构化数据。在大数据时代，"数据即资产"的理念帮助诸多银行形成或正在形成市场核心竞争力。对于绝大多数传统银行而言，从**"业务数据化"**到**"数据资产化"**是数字化转型升级的必由之路。

6.2.1 数据转化为资产的 7 个基本条件

数据转化为资产需要具备以下基本条件。

1. 衡量标准

数据资产应具有价值衡量标准，即数据资产在为银行带来经济利益的现实价值，或未来能够持续带来经济效益的潜在价值方面具有定价评判标准。数据资产价值增值和价值变现可以从多个维度实现，例如，在银行内部，通过强化数据分析能力，可提升分析结果的作用，从而提升数据资产的价值；在银行外部，进行数据共享或交易，可实现数据资产价值变现，并在数据资产融资增信制度完善后，进行数据资产质押融资。

从应用场景看，数据资产增值的需求大多来源于跨领域合作，用数据共享或交易来增强各参与方的主营业务竞争力，减少各参与方直接获取和维护数据的成本，实现高于各参与方独立运行、维护数据资产的经济价值。

2. 能够追溯

能够追溯和确认数据资产的权属关系,即数据资产在交易过程中,数据的归属权、使用权等权属关系可以被记录、追溯,并伴随交易过程进行转移。通过区块链技术等技术实现的数据权属关系唯一标识,可以帮助追溯数据资产交易过程,并保证其有足够高的可信性。

数据资产的知识产权涉及版权、商业秘密权、隐私权,人身权、合同债权等多项法定权利以及反不正当竞争保护。目前,有关数据公开、数据安全和数据产权的法律法规正在逐步完善中。数据的特点是多向、动态,故数据资产的权属不应仅体现为数据源头的财产权配置,还应反映数据资产在数据信息的采集、存管、交易、共享、传输和二次利用过程中关系动态转移的过程。

3. 虚拟形态

数据资产首先是一种无形资产,不具有特定的实物形态,是能持续发挥作用且能带来经济效益的非货币性资源。数据的价值体现在检索、分析、传播、交易、销毁的整个生命周期中。数据资产的虚拟性决定了它不能脱离特定载体而独立存在,并且需要通过控制程序、信息化设备和互联网基础设施发挥价值。

4. 业务附着

数据是对客观事物的逻辑归纳和符号描述。数据源自业务,是代表业务起因、过程、结果的相关信息的数字化沉淀。因此,数据天然蕴含各类业务所代表的特定含义,以传达业务的流程信息。同时,数据所附着的业务信息可反映业务遵循的流程和形成的规范,这也是数据的主要价值。

5. 分发流转

数据资产是一种可共享、分发和流转的无形资产,可以通过交易、复制、共享等方式被多方主体共同使用。在数据资产分发与流转过程中，银行首先需要对数据内容的原始性提供保障，防止数据在传播过程中遗失或被篡改，导致数据资产原有价值的损耗，甚至产生不可预料的错误和损失；其次需要灵活运用区块链等相关技术，记录数据的流转节点和溯源信息，以确认数据的归属关系；最后需要对特殊数据进行脱敏或安全管控，以保障数据在非交易状态下分发、流转、复制的安全。

6. 价值衡量

数据资产的价值被各行业普遍认同，但不同种类数据资产的价值不能用统一公式或模型计算得到。《电子商务数据资产评价指标体系》将数据资产价值评价指标划分为成本价值和标的价值两大类，并细分了数十项评价指标。此外，同样的数据资产对于不同企业来说其价值也不同。数据资产的价值需要结合数据的使用对象和数据的应用场景进行综合评估和衡量。

7. 资产时效

数据资产作为一类无形资产，其时效比固定资产的时效更为显著。从辅助决策角度看，使用者对当前或者近期相关的信息和数据最为关注。数据资产时效性越强，对使用者来说价值越高。随着时间推移，数据资产的价值会逐渐下降。在数据全生命周期管理过程中，银行需要考虑数据资产的时效性，将近期采集和归集的、查询检索请求度高的数据存放于性能较好的数据存储集群中，将历史性数据存放于性能低一些的存储设备中（应根据数据价值选择合理的存储和备份方案）。

6.2.2 数据生命周期概览

从数据生成全过程看，数据的生命周期主要包括数据获取、数据转化、数据挖掘、数据传输、数据存储等阶段（详见图6-1）。

（1）**数据获取**。银行经营管理的各个领域、层面、环节中的信息是不会自动显示的，需要银行在整个业务链条上运用各类技术手段进行获取。本书在2.7节介绍了相关内容，这里不再重复。

（2）**数据转化**。通过建立数据字典，即一整套数据转化规则，我们可将银行经营管理涉及的各个领域、层面、环节的全部信息都用标准化语言表达出来，并根据银行业务本质梳理各类信息之间的相互关系和内在逻辑。在这个过程中，银行经营管理活动都被高度抽象为标准化信息。

（3）**数据挖掘**。对于银行而言，海量标准化信息可以称为数据资产。银行可以以数据资产情况为依据及时、准确地调整经营决策、优化管理机制，从而不断提升客户服务能力和市场竞争力。

（4）**数据传输**。通过建立数据集市，银行可打通经营管理的各个领域、层面、环节的标准化信息和数据挖掘成果，推动经营管理的各个领域、层面、环节的信息高度整合，建立覆盖业务发展、风险管理、资源配置、配套支撑等各类信息的全景视图。

（5）**数据存储**。对于银行而言，经营管理数据至关重要，数量庞大。目前，许多银行都通过建立数据仓库实现经营管理数据的有序、安全存储。

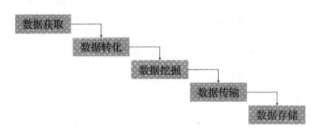

图6-1　数据生命周期

6.2.3　数据标准与数据字典

数据标准是进行数据标准化的主要依据。构建一套完整的数据标准体系是开展数据标准管理工作的基础，有利于打通数据底层的逻辑，提升数据的可用性。也就是说，数据标准是指保障数据内外部使用和交换的一致性、准确性的规范性约束。

银行需要在内部定义一套关于数据的规范，让内外部人员都能理解这些数据的含义。例如，对于"客户"这个字段，不同部门会有不同的理解，如果没有统一的标准，不仅会增加沟通成本，而且会出现信息共享、数据集成等方面的各种问题。数据标准管理就是基于建立的数据标准，通过各种管理活动，推动数据标准化。

由于数据可以分为基础类数据和指标类数据，所以数据标准也可以分为基础类数据标准和指标类数据标准。基础类数据指业务流程中直接产生的，未经过加工和处理的基础业务信息。指标类数据是指具备统计意义的基础类数据，通常由一个或一个以上的基础数据根据一定的统计规则计算而得到的。基础类数据标准是为了统一银行所有业务活动相关数据的一致性和准确性，解决业务间数据一致性和数据整合问题，按照数据标准管理过程制定的数据标准。指标类数据标准一般分为基础指标标准和计算指标标准。以银行为例，基础指标标准包括客户数据标准、产品数据标准、协议数据标准、渠道数据标准、交易数据标准、财务数据标准、公共代码数据标准、机构和员工数据标准、地域和位置数据标准等；计算指标标准包括监管合规指标、客户管理指标、风险管理资产负债指标、营销管理指标、综合经营指标等。

在数据标准的基础上，我们可进一步建立高阶标准，从而得到数据字典。数据字典，也称元数据，顾名思义其就像"字典"一样，可把信息转化为数据的规范，是对整个应用系统所有程序和数据库中基础数据项进行定义，包括名称、含义、数据类型、长度、精度、引用场合以及其他辅助管理信息等。元数据可以分为物理元数据和逻辑元数据。一个物理元数据可以派生为多个逻辑元数据，例如，金额为物理元数据，可以派生为借方发生额、贷方发生额、轧差净额、余额等逻辑元数据。它们在格式上完全相同，却具有不同的业务含义。现实中，逻辑元数据名称可以在物理元数据名称基础上通过增加前后缀得到。

数据字典的管理要点包括：元数据的数量要适度，数量太少不足以满足各类业务表述需求，而数量太多容易产生混淆；使用元数据时需要系统进行硬控制，要拒绝非法的元数据修改和增加；对于合法的修改或增加，需要全面修改和增加相应的关联逻辑，以确保元数据的准确、完整。

6.2.4 价值衡量与交易市场

为了有效衡量数据资产价值，银行可以从使用功能角度对数据资产类型进行划分，并根据不同数据资产类型采用不同的价值衡量方式。一般来说，数据资产可以分为原始类数据资产、过程类数据资产、应用类数据资产。其中，原始类数据资产是指通过外部或内部采集得到的数据，可以为后续数据加工提供基础；过程类数据资产是指对原始类数据资产进行清洗、初步汇总后得到的数据，可以为数据进一步开发和应用提供准备；应用类数据资产是指以过程类数据资产为基础，面向实际需求，通过数据挖掘技术得到的个性化数据，这类数据资产可以直接支持业务部门开展工作，提高其收益。我们可以将应用类数据资产进一步分为收益提升类数据资产和统计支持类数据资产，前者可以协助业务洞察，赋能经营收益；后者可以全面、深入地体现经营管理情况和发展趋势。

从具体实践看，原始类数据资产、过程类数据资产、应用类数据资产中的统计支持类数据资产与经营收益之间的关系难以有效追溯，建议采用成本法衡量这些数据资产的价值；应用类数据资产中的收益提升类数据资产和收益的对应性较强，建议采用收益法衡量资产价值。此外，我们还可以针对相关数据资产的交易情况，采用市场法衡量资产价值。下面介绍3种数据资产价值衡量方法。

（1）**成本法，即考虑数据资产的成本对数据资产价值进行衡量**。数据资产的成本价值是指在数据资产全生命周期中，即在数据的产生、获得、标识、保存、检索、分发、呈现、转移、交换、保护与销毁各阶段产生的直接成本和间接成本所对应的价值。数据资产成本价值包括建设成本、运维成本、管理成本3项子指标，每项子指标包含若干个下一级指标。其中，建设成本包括固数据规划、数据采集、数据核验、数据标识产生的成本；运维成本包括因数据储存、数据整合、知识发现、数据维护、设备折旧产生成本；管理成本包括人力成本、间接成本、服务外包成本。

（2）**收益法**，即考虑数据资产的收益对数据资产价值进行衡量。数据资产的收益价值是指数据资产持续经营所产生的潜在价值。数据资产标的价值一级指标包括数据形式、数据内容、数据绩效3项子指标，每项子指标包含若干个下一级指标。其中，数据形式包括数据载体、数据规划、数据表达、数据描述；数据内容包括数据准确性、数据真实性、数据客观性、数据有效性、数据可靠性；数据绩效包括数据关联、数据特征、数据预期、数据应用、数据时效。

（3）**市场法**，即考虑数据资产的交易对数据资产价值进行衡量。数据资产的交易价值可参照同类数据资产的现行市场价格。市场法要落地，需要先找到参照资产，然后比较被评估数据资产和参照资产之间的差异性并加以量化，数据资产价值即在参照资产市场价格基础上剔除量化差异。

完善的数据要素交易市场对于数据资产交易、数据资产定价、数据资产价值发挥具有重要作用。但数据要素市场化需要一个较长的形成过程，需要各市场主体协同配合。这不仅需要有政策层面的顶层设计，以确保交易规则和价格形成的机制合理、合法，还需要数据供给方与需求方共同参与，形成良性竞争秩序，促进数据要素高效配置。

6.2.5 数据分析与数据挖掘

本节先介绍核心数据顶层分解的方法（详见图6-2），这影响了数据分析与数据挖掘在银行场景中的应用落地。

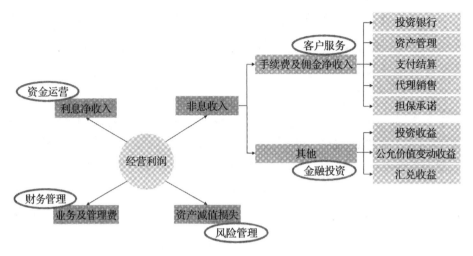

图 6-2 数据分析与数据挖掘：升级

根据银行损益表可知，经营利润这个顶层数据可分解为利息净收入、非息收入、业务及管理费、资产减值损失等。

（1）**利息净收入**：主要影响因素是存贷款业务规模和利差水平，反映了银行提升资金运营效率的能力。

（2）**非息收入**：包括手续费及佣金净收入，主要影响因素是银行各类中间业务，包括固投资银行、资产管理、支付结算、代理销售、担保承诺等产生的收入，反映了银行为客户提供高端金融服务的能力。除主要影响因素外，还包括投资收益、公允价值变动收益、汇兑收益等次要影响因素，这些反映了银行金融投资的能力。

（3）**业务及管理费**：包括人力成本、业务费用、资产折旧与摊销等，反映了银行财务管理的能力。

（4）**资产减值损失**：主要指信用减值损失，反映了银行风险管理的能力。

下面介绍银行的趋势、市场与结构分析（详见图 6-3），这是数据分析与数据挖掘的重要应用场景。

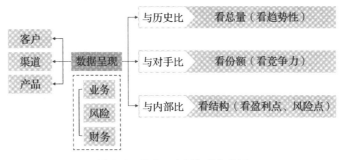

图 6-3　趋势、市场与结构分析

从基本要素角度看，银行的数据主要涵盖客户管理、渠道管理、产品管理等领域。从管理链条角度看，银行的数据主要涵盖业务管理、风险管理、财务管理等。那么，通过何种方式对相关数据进行分析，从而获得银行经营管理情况的深刻洞察呢？这里介绍趋势、市场与结构分析。

（1）**趋势分析**：趋势分析主要是用当前数据和历史数据进行比较，不但要比较总量是增还是降，还要比较变化速度是快还是慢。通过和历史数据比较，银行可以得到未来发展趋势。

（2）**市场分析**：市场分析主要是用自己的数据和竞争对手的数据进行比较，不但要比较当前盈利水平、风险水平，还要比较市场规模占有和变化情况。通过和竞争对手数据比较，银行可以分析市场竞争能力。

（3）**结构分析**：结构分析主要是对自身内部数据进行比较，可以从行业、客群、区域、业务、机构等各个维度进行比较，不但要比较当前情况（存量），还要比较变化情况（流量）。通过内部各个维度数据比较，银行可以看出自己在哪些领域比较优势、在哪些领域比较弱势，以及在哪些领域竞争力在上升、在哪些领域竞争力在下降。

最后介绍业绩归因。

银行在某个阶段取得的经营业绩，是由许多因素共同影响形成的。例如，A 银行的 ROE（净资产收益率）增幅高于预期，这可能源于银行业面临的外部环境比较有利，也可能源于 A 银行内部经营管理比较到位。那么，如何从银行经营业绩中将各类影响因素精准剥离，从而准确反映银行经营管理成效呢？这是本节尝试回答的问题。

回答上述问题，实际上是回答以下两个问题：银行经营业绩的影响因素主要包括哪些方面？这些因素的影响程度可以通过哪些指标进行衡量？

为了回答第一个问题，这里借用前面介绍的"3-4-3"框架。银行经营业绩是经营环境、业务结构、内部管理 3 个因素共同作用的综合体现。因此，要想准确反映银行经营管理成效，首先需要从银行整体业绩中将经营环境影响剔除，得到业务结构和内部管理共同作用下的业绩表现；然后进一步将业务结构对银行经营业绩的影响剔除，最终得到内部管理对银行经营业绩的影响。

对于第二个问题，本书认为，可以将相同阶段内同类别银行经营业绩均值，或者相同阶段内对标银行经营业绩作为经营环境的衡量指标，即如果同类别银行整体经营业绩较好，或者对标银行经营业绩较好，则说明经营当前环境较为有利，或者说当前经营环境对银行经营业绩正向影响较大。

这里仍然借用"3-4-3"框架，从集中度角度对业务结构做诠释，即从行业、区域、客群、产品、机构等角度分解业务结构。这里以行业视角为例，计算在相同的经营环境下，如果银行以期初的行业结构运行（即假定各类行业占比在该阶段保持不变）可以得到什么水平的经营业绩，并在期初行业结构下剔除经营环境影响的经营业绩，以此作为业务结构的衡量指标。如果在期初行业结构下剔除经营环境影响后得到的经营业绩较好，则说明当前行业结构较为有利，或者当前行业结构对银行经营业绩正向影响较大。

对区域、客群、产品、机构等视角下的业务结构影响程度的都可以通过上述方式得到。

综上所述，我们不妨假设 r_{op} 是银行整体业绩表现，r_{be} 是经营环境带来的业绩增长，r_{bs}是期初业务结构带来的业绩增长，r_1是剔除经营环境影响的业绩表现，r_2是剔除经营环境和业务结构影响的业绩表现。根据定义有：

$$r_1 = r_{op} - r_{be} \quad (6\text{-}1)$$

$$r_2 = r_1 - r_{bs} \quad (6\text{-}2)$$

综合式（6-1）和式（6-2）可得：

$$r_{op} = r_{be} + r_{bs} + r_2 \quad (6\text{-}3)$$

需要指出的是，从经济学角度看，前面介绍的经营环境和业务结构因素对经营业绩的影响可以看作银行经营管理的机会成本。在此框架下，我们可以进一步改写前面介绍的综合净收益的计算方式，从而提升内部管理精细化水平，进而提升银行整体经营质效。

做好数据分析离不开数据挖掘模型。数据挖掘模型有很多，这里介绍一种前沿的数据挖掘模型——随机森林模型。

随机森林模型是一种人工智能技术，是"随机"和"森林"的组合。运用随机森林模型不但可以对海量数据进行深度挖掘，而且可以结合相关数据实现模型迭代，进一步提升分析的准确性。

这里所说的"森林"是指若干决策树的集合。决策树是一种基于归纳法的分类算法，可针对给定的训练样本信息，提取样本特征，并把这些特征作为节点，对原始样本进行分类。其中，开始的节点叫作根节点，过程中的节点叫作中间节点，最后的节点叫作叶节点。决策树实际是分析该类样本的一种方法。运用该方法可对相似的预测样本进行判断。在决策树构造过程中，样本特征或者节点的选取是核心。通常用基尼指数来判别最优特征指标。假设有K个类，属于第k类的样本概率为p_k，分类后样本被误分的概率即基尼指数，公式为：

$$\text{Gini}(p) = \sum_{k=1}^{K} p_k(1-p_k) = 1 - \sum_{k=1}^{K} p_k^2 \quad (6\text{-}4)$$

由上可见，选择样本特征应以 Gini 系数最小为准则。假设此时的样本集为 D，样本特征集为 A，那么对于任意一个特征 a，需要遍历其所有可能的取值 a_i，计算出基尼系数，并选取最小值作为分裂节点，将样本 D 分割为两个没有交集的子样本。重复上述过程，直至得到根节点。

需要指出的是，为了平衡决策树的精准性和效率，往往事先会设置一个阈值，当选取的节点个数达到阈值，即认为决策树构建完毕。当然，由于决策树很容易被过度拟合，即对于训练样本效果较好，但对于测试样本效果较差，因此我们需要用剪枝的方式确保决策树具有较好的普适性。

这里所说的"随机"有两层含义：一是随机选取样本。假设训练样本 D 中有 N 个样本，随机且有放回地抽取 N 个样本，则抽取 N 次都不会被抽到的概率为 $(1-1/N)^N$。当 $N \to \infty$ 时，上述概率为 $1/e$，约等于 0.368，即每轮抽样后约有 36.8% 的样本不会被抽到，这部分样本称为袋外数据。二是随机选取特征。假设样本特征集 A 中有 M 个特征，每次抽取 m（常数）个特征，当 m 过大时，每棵决策树的准确度会提升，模型准确性也会提升，但同时任意两棵决策树的相关度会提升，这又会降低模型准确性，因此 m 的选取需要综合权衡。一般来说，$m<<M$，或者 $m=(M)^{1/2}$。

将上述随机抽取过程进行 k 轮，得到 k 个决策树，而且这 k 棵决策树都没有经过"剪枝"，它们共同组成随机森林。实验结果表明，随着 k 的数量增加，随机森林决策的出错概率即误分率会收敛，从而可以确定 k 的具体数值。随机森林的思想，就是运用训练样本构建 k 棵决策树，然后用 k 棵决策树对预测样本进行判断，从而产生 k 个决策结果，再综合全部结果，应用"少数服从多数"的原理对预测样本做出最终决断。

随机森林得到的结果准确与否，可以用上文提到的袋外数据进行评估。可以证明，袋外数据是训练样本的无偏估计量。袋外误分率（OOB）即将 k 组袋外数据代入已生成的随机森林，并与已知结果对比，得到的错误判别数占所有判别数的比例。上述参数 m（一般记作 mtry）、k（一般记作 ntree）对模型的准确率有较大影响。我们最终选取使得 OOB 最小的组合来构建随机森林模型。

当然，我们还可以通过迭代进一步提升随机森林模型预测准确率，从这个角度，可将随机森林模型称为人工智能技术。当得到初步随机森林模型后，可利用基尼指数，对每个特征的重要程度进行评估和排序。具体而言，就是对所有选择某个特征为分裂变量的节点进行汇总，计算基尼指数的平均减小值，该值减少得越多，说明该特征越重要；然后删除最不重要的特征，重复上述所有操作，直至随机森林袋外误分率进一步降低，或者说模型预测准确度进一步提升。

下面通过一个实例，简要介绍随机森林模型在银行经营管理中的应用。例如，对于信用卡业务风险管理，银行可以通过随机森林模型对海量客户的各类信息与其是否违约的关系进行梳理，找到与客户违约最为相关的信息，建立精准的违约预测模型，从而进一步提升银行信用卡业务风险管理的前瞻性和精准性。

一般来说，信用卡客户主要信息包括持有信用卡名称、性别、年龄、学历、民族、出生地、所在城市、职业、工作年限、工作年收入、其他收入来源、婚否、是否有犯罪记录、开卡时间、注销时间、首次开卡额度、现有额度、主要消费地区、主要消费行业、月平均消费次数、月平均消费金额、平均还款周期、月均取现次数、月均取现金额、月均分期付款次数、月均分期付款金额、违约金平均缴纳周期、申请渠道、在本行其他渠道获得的授信额度、在其他银行开通信用卡数量、在其他行是否违约、是否有向监管部门投诉记录等。在对相关信息量化的基础上，银行运用随机森林模型，可以判断上述信息在影响客户违约行为方面的重要程度，并运用随机森林模型迭代功能，进一步提炼出对客户违约行为影响最大的相关信息，例如学历、工作年收入、是否有犯罪记录、月平均消费次数、平均还款周期、月取现次数、在其他行是否违约等。

6.3 从数据仓库到数据湖

大数据技术主要用于解决银行海量数据的存储与计算问题，为银行大数据治理和数据资产管理提供技术解决方案，从而提升银行数据管理能力。大数据技术体系范围非常广，已经形成大数据技术生态。本节介绍大数据技术生态中的两个重要成员——数据仓库和数据湖。

1. 数据仓库

数据仓库具有以下特点。

（1）**数据仓库中的数据是海量的**。一个企业级的数据仓库，横向上要集成企业中各个业务系统的数据，纵向上要保留这些数据的历史沿革信息。这意味着数据仓库系统需要具备处理海量数据的能力。

（2）**数据仓库的空间和性能要能不断扩展**。这是因为企业对历史数据的积累必然导致数据量随着时间推移呈几何级增长；另外，业务的发展也会导致数据量加速度增长。数据的增长需求数据仓库必须具有可扩展性。数据仓库建成后需要不断迭代，在这个过程中更多的业务会进入数据仓库，这导致需要在数据仓库上建立更多的数据集市，这也是数据仓库系统应该具备很强的扩展能力的原因。

（3）**数据仓库的数据处理能力是倍增的**。数据仓库需要具备综合分析大量复杂数据的能力，同时具备很强的数据输入、输出能力。从本质上讲，数据仓库是大规模并行处理系统，由多个对称多处理器通过互联网络组成，这些处理器协同工作，完成同一任务。当处理数据时，系统会将相关任务拆分为多个部分，各部分分别由不同处理器并行处理，最后将结果整合到一起统一反馈，这样相关数据处理时间就可以得到明显缩减。

2. 数据湖

"数据湖"一词最早由作家丹·伍兹在 2011 年提出。他说，如果把数据比作大自然的水，那么各江河的水就好比未经加工数据，这些数据源源不断地汇聚到数据湖中。随着大数据技术的发展，数据湖的概念也在发生巨大变化，能力也得到很大提升，融入许多新兴技术，例如，多元异构的数据采集技术、新型数据仓库技术、实时流数据处理技术、数据分析挖掘技术、分布式存储技术、分布式计算技术、跨数据仓库查询技术等。数据湖逐渐发展成为能够贯穿数据处理全生命周期的统一数据支撑平台。

对于银行而言，数据湖的核心价值在于提供统一的数据支撑能力，帮助银行把数据"拿过来、管起来、用起来"，让数据成为知识、智慧，实现数据价值升华。银行数字化转型需要数据支撑，而数据处理功能正是数据湖能提供的。数据湖提供的是贯穿数据生命周期的支撑能力，支持多种业务场景的数据处理和分析。数据湖的架构可以简单概括为以下几部分。

（1）**数据源**。数据源是数据湖的数据来源系统。从数据类型的角度划分，数据源主要包括行内结构化数据、半/非结构化数据、IT基础类数据和行外数据。结构化数据主要来自银行的核心业务、渠道业务、理财业务、信用卡业务等，例如客户交易数据、业务产品数据等。半/非结构化数据主要来自银行客服系统的语音、视频数据，贷款系统的贷款报告文档，影像系统的图片数据。IT基础类数据主要来自银行IT系统运维数据，例如流量数据、日志数据、监控数据等。

（2）**数据采集**。数据采集针对的是数据源中数据的采集。数据采集技术主要包括常规批量采集和准实时批量采集。常规批量采集一般由数据源从数据入湖的接口进行数据导出，生成批量文件，并通过文件输出工具将数据传输到指定位置。准实时批量采集可以实现对业务系统数据进行准实时采集，并将采集到的数据写入数据湖。

（3）**数据池**。数据存储是数据库的核心价值之一，能够有效解决目前普遍存在的数据孤岛问题。通过对数据源、数据类型、数据使用方式等的不同，数据湖能划分为多个数据池，利用数据调度工具将增量、全量数据及半/非结构化数据加载到对应的数据池，并根据数据访问权限对应用系统进行授权。

（4）**数据应用**。数据湖在基本的数据采集、存储、计算功能之外，还提供了满足应用所需的报表、数据查询、数据分析、数据挖掘等业务支撑功能，同时还为应用提供基于海量数据的高效自助式数据探索功能。

（5）**元数据管理**。元数据管理是数据湖的核心工作，即对需要入湖的数据（例如数据资料、数据特征等）逐一调研，再按照数据湖规划，将数据存储在对应的数据池中。元数据可以说是数据湖的"灵魂"。有了元数据，数据分析师就可以更清晰地了解数据入湖后的加工过程、存储方式、数据关系及访问权限，从而快速找到所需数据。只有做好元数据管理，银行才能避免数据沼泽出现。

6.4 全景化：全渠道、全流程、全业务、全客户

数据是银行数字化转型的核心内容。银行在组织架构模型化、价值核算标准化、经营管理模型化、信息科技智能化的基础上，进一步完善数据治理和数据资产管理，可以实现数字化转型的最高阶段——全景化。在全景化阶段，银行数据的来源和应用涵盖全渠道、全流程、全业务、全客户。

（1）**全渠道**。银行信息可以覆盖全部服务场景，包括线上线下等物理维度、生产生活等活动维度、国内国际等地域维度、金融市场与非金融市场等功能维度，确保银行数字化"无处不在"。

（2）**全流程**。银行信息可以覆盖全部服务流程，包括客户获取、产品设计、授信管理、风险管理、内控和合规管理、财务与人力资源配置、技术与数据支撑等，确保银行数字化"无时不有"。

（3）**全业务**。银行信息可以覆盖全面服务内容，包括传统银行业务与银行创新业务维度、银行业务与非银行金融业务维度、金融业务与非金融业务维度等，确保银行数字化"无事不包"。

（4）**全客户**。银行信息可以覆盖全部客户及其需求，包括客户的思想和行为维度、客户生命周期维度、现有客户与潜在客户维度、客户现有需求和潜在需求维度等，确保银行数字化"无人不含"。

6.4.1　全景化起步：大数据与业务融合

在介绍大数据与银行业务的融合之前，先来介绍大数据技术发展趋势。

（1）**计算与存储分离**。在传统集群系统中，计算和存储是紧密耦合的。随着业务的发展，扩大存储会带来额外的计算压力，反之亦然，这无疑会造成资源浪费。存储与计算分离是一种分层架构思想，即将存储能力和计算能力分开，从而更好地满足存储或技术单方面的需求。

（2）**实时计算及存储**。其主要包括以下特点：无限数据，这是一种不断增长、无上限的数据集，通常被称为流数据；无界处理，这是一种持续、重复的数据处理模式，能够通过处理引擎处理无限数据；无间延迟，即相关计算和存储为秒级，甚至毫秒级、微秒级。

（3）**湖仓一体化**。打通数据仓库和数据湖两套体系，让数据和计算在湖与仓之间自由流动，从而构建一个完整、有机的大数据技术生态体系，为企业提供兼具数据湖灵活性和数据仓库成长性的新一代大数据平台，从而降低企业构建大数据平台的整体成本。

（4）**数智融合化**。以大数据为基础，充分运用人工智能方法，让计算机自动形成对事物特征的认识，并在下一轮学习中不断修正相关特征，从而实现对数据更加准确、有效、深层的表达。随着越来越多的行业和领域逐步完善数据的采集和存储，深度学习的应用会更加广泛，人工智能和大数据的融合将成为常态。

下面介绍大数据与银行业务的融合。

（1）**促使银行对数据质量宽容度提高**。足量的数据使得银行在进行数据分析时对数据质量的宽容度提高。在传统数据时代，数据获取和处理的成本较高，样本思维占据主流地位，需要抽样和截取准确、量化、清洁的数据这限制了银行数据价值。而在大数据加持下，银行可获取全面、多维的数据。在全量思维，出现了用"量"弥补"质"的方法，这降低了对数据质量的要求。

（2）**数据应用关联性增强**。大数据技术对数据的要求从静态向动态延伸，从离散向连续拓展。因此，对于数据采集而言，数据在时间维度和空间维度的全量表现尤为重要。在数据处理环节，银行可以借助云计算、流处理等新型计算方法，对全量数据进行深度分析，寻找数据内部之间的各项关联关系，从而提升数据应用质效。

（3）**数据分析成本率降低**。传统的数据挖掘投入较大，银行要想在数据中发现商业机会，需要进行大量投入；而运用大数据技术，银行投入较低成本即可发现大量的机会，虽然这些机会往往不够大，但可以通过积累实现量变到质变的突破。

（4）**数据资产价值化过程正在加速**。大数据可帮银行实现从数据到价值的高效转化。对于银行而言，其可以通过大数据获取海量机会，在发现有价值的规律后，立即进行商业化推广，完成数据价值的快速变现。同时，在大数据技术加持下，银行更易打造触角优势，即对市场的需求变化更敏感、更易得到反馈，从而不断完善金融产品和服务体系，持续打造市场竞争力。

6.4.2 全景化升级：FSDM 与业务融合

接下来讨论一下数据转化的问题。银行经营管理是一个复杂的体系，涵盖了多个领域、层面、环节。银行要想通过一套规范的数据标准或者模型，将经营管理的所有信息转化为有内在逻辑的数据库更是一项极其庞大的工程。因此，数据转化是银行实现数字化转型的必要步骤，也是核心难点。但从银行业务本质出发，其无非是确定包括了"谁""在哪里（在何时）""做了什么"等基本要素的各项经营管理活动。银行从确定这些基本要素出发，就可以尝试构建数据转化的标准或者模型。本书以 IBM 公司开发的 FSDM（Financial Service Data Model，金融服务数据模型）为例介绍如何实现数据转化。

FSDM 是 IBM 公司于 20 世纪 90 年代开发的，目的是帮助金融服务机构建立核心应用系统或者数据仓库。该模型是一部企业级数据字典，定义了金融服务机构业务运作所需的基本数据以及相互关系。同时，该模型还考虑了金融行业数据标准，整合了信息系统各类需求。因此，金融服务机构包括银行在内，可以通过 FSDM 将所有经营管理信息标准化，从而建立一套金融行业通用的企业级数据视图。具体而言，在 FSDM 下，银行经营管理信息可以分解为以下 9 类。

（1）**参与人（IP）**：描述银行业务开展过程中的相关各方，包括银行客户、员工、服务机构、监管机构等。

（2）**合约（AR）**：描述关系人之间达成的合约，形式上可以是各类合同、协议等。

（3）**条件（CD）**：描述银行经营管理正常运作所需要的前提条件、资格标准等。

（4）**产品（PD）**：描述银行为客户提供的以换取利润为目的的产品或服务，其中也包括合作伙伴或竞争对手的产品或服务，既可以是单一产品或服务，也可以是组合产品或服务。

（5）**位置（LO）**：描述与关系人相关的所有地址，如家庭地址、公司地址、邮政信箱、电话号码、电子邮箱、网络地址等。

（6）**分类（CL）**：描述其他数据的分类或者分组。

（7）**业务方向（BD）**：描述银行或关系人开展相关业务所处的环境和所用的方式。

（8）事件（EV）：描述关系人与银行的交互，以及银行内部有关经营管理的交互，包含最详细的行为和交易数据，例如贷款、存款、提款、付款、信用卡/借记卡年费、利息、投诉、查询、网上交易等。

（9）资源项（RI）：描述银行有形或无形的有价值资源项目，这是银行拥有、管理、使用的，或为支持特定业务而设立的。

综上可知，通过上述9类信息，FSDM可以将银行经营管理所有信息进行标准化描述，从而实现数据转化，即银行可以将任意经营管理活动转化为涵盖上述9类字段的数据，也可以将任意涵盖该9类字段的数据转化为具体的经营管理活动。同时，银行在运用FSDM实现经营管理数据转化过程中，实际上也建立了数据库的设置、存储、提取的规范，从而为建立数据仓库，实现数据有序、安全存储奠定基础。

6.4.3 全景化高阶：数字孪生与业务融合

数字孪生是一种利用数字化方式创建物理实体实时镜像映射的虚拟模型，基于数据和模型联合驱动，在虚拟环境中仿真、预测物理实体的行为、状态和运行结果，并通过数据融合分析、在线决策优化等智能服务，以及闭环迭代反馈、同步映射控制等虚实交互机制，为物理实体扩展新能力、赋予新价值的实体运维管控新模式。数字孪生与实体经济、数字经济融合发展的理念不谋而合。数字孪生体系包括物理实体、虚拟实体、孪生数据、连接和服务5个重要部分。数字孪生体系可从物理实体本身及其运行过程中采集并汇聚大数据，利用云计算、人工智能、区块链等信息技术对原始数据进行加工存储、融合降维，浓缩数据价值，提高数据的价值密度。银行结合表征虚拟实体的数字孪生模型，可基于数模联动仿真的方式对物理实体进行安全、高效、经济、绿色的设计验证、预测评估和运行优化，并可基于物联网、工业互联网等介质实现对物理实体的实际管控和优化。

如今，数字孪生成为数字经济与实体经济融合发展的主要动力之一。美国、德国等发达国家已将数字孪生作为本国未来工业发展架构的关键组成部分；新加坡、法国、加拿大和中国也已建立许多相对成熟的智慧城市项目。数字孪生作为人们认识世界、改造世界的新工具，正在成为数字化转型的重要抓手、信息化社会治理的基础支撑，以及第四次工业革命的基础构成，这是社会信息化发展的必然趋势。通过结合物联网、5G、区块链、云计算、人工智能等新兴技术，数字孪生可以对物理对象进行实时建模、监控、分析、预测、控制调整及一定程度的改造。利用数字孪生构建行业知识，可对产业整体进行趋势分析和预测，并得到具有前瞻性的结论和建议，从而在很大程度上改善生产生活中诸如产业链协同、城市综合治理等复杂问题，改变未来经济社会运行方式。

数字孪生技术与银行经营管理融合主要有以下模式。

（1）**对金融产品实现全流程管理**。首先，可推动金融产品创新。根据客户要求和现实的约束条件，由人工设计出新的金融产品概念，然后通过数字孪生技术进行设计迭代和优化，从而保证最终实现金融产品预定的目标。其次，快速响应市场需求。将数字孪生技术应用到研发、装配金融产品流程中，以提高金融产品的适应性和灵活性。即通过建立金融产品的虚拟原型，对金融产品进行仿真测试和验证，看能否达到预期效果。最后，提升客户服务体验。可通过数字孪生提供沉浸式和差异化的购买体验进而推动银行与客户的互动。借助数字孪生，银行可根据最新的数据自动生成营销内容，而且这些内容适用于多种媒介（网络、视频等），还能根据客户选择的配置动态生成 VR/AR 特效，让客户能充分体验金融产品。

（2）**对客户信息进行管理与价值挖掘**。客户信息的管理，包括银行内部客户信息的打通整合，以及外部数据的引入，最终目标是完善客户画像。对于正在推进数字化转型的银行而言，应通过数字孪生来完善数据治理体系和架构，优化全行数据治理，从而为精准客户画像夯实基础。而对客户价值的挖掘，银行应构建以客户为中心的生态服务体系，这就需要从产品销售、增值服务、场景合作等方面去统筹规划。银行需要通过一个相对独立的部门，去协调线上线下、行内行外等方面的资源，最终实现将数字孪生生产与原生生产适度隔离，从而为客户价值挖掘创造条件。

（3）**生成风险管理新范式**。数字孪生技术为银行风险治理提供了全新的视角和可能。银行需要依据数字孪生技术重构风险治理理论、模式与技术。

首先，在传统金融风险管理理论、模型和技术的基础上，如巴塞尔、COSO等，全面导入数字主线理念；在数据、算法和算力赋能的基础上，集成风险治理诉求，重新检视风险分类与关系，继而重构风险治理架构，提升金融风险治理能力；按照"镜像"的思维，丰富风险描述维度，解决风险标的数据获取在实时性和自动性方面的需求，构建风险数据耦合模型，并用其取代传统的"穿透"模型；构建"N维风险魔方"，提供基于需求的投影维度，继而实现从手工、半自动向全自动，从周期评估报告向风险仪表盘模式的转变。

其次，全面融入数字孪生理论，依托数字化社会资源，提升风险管理能力，强化智能风控技术的开发与利用水平。全面导入人工智能技术，特别是多维风险算法，实现从相对孤立的风险标的视角，向产业链和生态圈视角过渡，构建有机态风险治理模式，提供风险驾驶舱功能。同时，强化风险治理的自反馈和微循环能力，从以人工和事后发现、评估为重心，逐步过渡到以自动和自主干预、化解为目标，全面提升金融风险治理水平，实现管理迭代升级。

第 7 章 | CHAPTER 7

银行数字化实战：案例分析与评估

近年来，随着数字经济蓬勃发展，各家银行尤其是一些国有大型银行、股份制银行积极应用各类先进经营理念和生产技术，持续推进经营管理数字化转型。从银行数字化转型过程看，各家银行既有共性的方面，例如，从金融科技、数据治理等技术手段起步，逐步向组织架构、核算体系、业务流程等经营管理核心环节渗透，数字化转型的总体脉络与体系化、标准化、模型化、智能化、全景化的进阶步骤基本一致；也有个性的方面，各家银行在不同方面都取得突破性进展，形成核心特色，例如工商银行的移动银行、智慧银行建设，建设银行的核心系统建设，招商银行的数字化体制建设、文化塑造，光大银行的云计算平台运用，平安银行的物联网银行建设，浦发银行的全景银行建设，以及中信银行的直销银行建设。

接下来，本章将立足"五化"，结合第1章介绍的数字化转型评价体系，对业内数字化转型较为领先的工商银行、建设银行、招商银行、平安银行的数字化转型情况进行分析和评估；通过横向和纵向比较，找到数字化转型成功经验和典型范例，引导其他银行加快推进数字化转型；进一步验证前面介绍的数字化理论框架，即体系化、标准化、模型化、智能化、全景化的科学性、适用性、可操作性。

7.1　工商银行：步伐较快、效果较好

整体评价：★★★☆

从整体看，工商银行数字化转型处于同业领先地位，其不断完善数字化组织、研发数字化技术、激活数据资产价值，推动数字化转型持续深化，以提升经营管理效果。需要指出的是，在价值衡量和流程重塑方面，工商银行仍需加强，通过数字化转型激发经营管理活力的"内核"仍需强化。总体而言，工商银行数字化转型步伐较快且效果较好。

7.1.1 体系化：数字化组织较为完善

评价：★★★☆

工商银行以数字化转型为目标，重新打造组织体系顶层设计，为此还专门成立了数字化转型领导小组和数字化转型工作推进办公室，以推进数字工行建设。

在 ECOS 工程推进的过程中，工商银行深化数字治理体制变革，优化组织架构布局，组建总行金融科技部、业务研发中心，成立工银科技有限公司、金融科技研究院，新增软件开发中心成都和西安研发部等机构，形成了"一部、三中心、一公司、一研究院"的金融科技新布局，激活金融科技创新活力。

- **金融科技部**。2018 年，工商银行整合信息科技部、产品创新管理部，组建金融科技部。其承担全集团金融科技条线的管理与协调职责，统筹集团业务科技研发的全生命周期管理，组织全集团进行生产运营以及信息安全管理工作，统一制定全行金融科技制度与技术标准，统一配置科技资源，推动技术变革与业务创新的深度融合。
- **软件开发中心**。1996 年，工商银行在珠海、广州、上海、北京、杭州、西安和成都成立软件开发中心。其集软件开发、技术研究、技术培训、软件产品应用支持等职责于一体，担负全面提升电子信息化应用水平的重任。
- **数据中心**。其成立于 2000 年，承担全行生产系统灾备、测试、电子银行生产维护、科技项目研发及业务产品研发等多项职能，加快与国际现代化银行的接轨步伐，提升科技集约化水平。
- **业务研发中心**。2018 年，工商银行整合数据中心（北京）和产品研发中心组建业务研发中心，以强化业务创新的顶层设计和需求整合，推进需求测试的统筹管理，实现业务流程的有序延伸。同时，为了进一步提升科技研发能力，工商银行从战略发展角度对研发资源规模和地理分布进行全局考量，于2019年5月在成都、西安增设研发部。

- **工银科技有限公司**。2019年，工银科技有限公司在雄安新区开业，主要以金融科技为手段，聚焦行业客户、政务服务等开展技术创新、软件研发和产品运营，从而进一步提升工商银行的金融科技服务输出能力，通过市场化、公司化、专业化运营，激发科技创新活力。
- **金融科技研究院**。2019年，金融科技研究院成立，主要进行金融科技新技术前瞻性研究及技术储备、重点金融科技领域战略规划和应用创新，下辖涵盖区块链、大数据、人工智能、云计算、分布式、5G、物联网、信息安全等技术领域的金融科技创新实验室。

工商银行还在探索建立柔性团队，促进业务科技的煲汤式融合。其围绕重大攻关项目、重点领域和产品成立揭榜挂帅团队、敏捷迭代团队，以"解决技术难题，填补市场空白"为目标，以攻坚克难揭榜项目和敏捷响应挂帅项目为试点，公开遴选项目负责人，择优成立业务与科技融合的挂帅团队。

7.1.2 标准化：数字化财务规则初步建立

评价：★☆

工商银行财务管理标准化主要体现在绩效考核方面。

- 加大对金融科技部门的考核力度，推动相关金融科技项目合理规划、有序落地，确保为全行敏捷化经营、精细化管理赋能。
- 强化对相关经营机构数字化转型的考核，主要关注经营机构在推动场景和生态建设过程中所涉特色产品的开发、推广、应用、迭代等，以确保全行数字化转型战略与当地经营环境有机融合，推动经营模式逐步转变以及经营效率持续提升，真正实现数字化转型战略落地。

7.1.3 模型化：数字化机制逐步升级

评价：★★☆

工商银行深入探索机制模型化，通过将数字化转型纳入战略规划，推动经营模式转变，同时深化产品研发、风险管理和人才建设机制，推动内部管理质效提升，为数字化转型构建机制基础。

（1）**战略制定方面**。工商银行为了精准对标"十四五"规划，立足新发展阶段、贯彻新发展理念，推动金融科技创新和数字发展，全面推进全行经营转型，专门研究并制定了《中国工商银行金融科技发展规划（2021—2023年）》。规划期内，工商银行将显著提升科技创新能力和金融创新能力，以科技和数字化重构驱动双轮，引领银行数字基因变革，打造"敏捷、智慧、生态、数字、安全"五位一体的"科技强行"，建设以机制变革激发内生源动力的敏捷银行、以科技贯穿前中后台的智慧银行、以开放互联拓展无界融合的生态银行、以数据资产释放新要素活力的数字银行、以稳定可控支撑可持续发展的安全银行。

（2）**经营模式方面**。工商银行构建数字业态，以打造"云上工行"零售业务、赋能链式产业金融生态、加快政务要素市场建设、构建乡村金融新模式、提升行业风控数字化水平为目标；从"用户、产品、渠道、流程"4个领域进行整合重构，重新定义"从客户到用户"的全量客户经营管理新体系；重塑端到端的全链条产品，开发智慧金融新产品；推进服务渠道的开放化变革，构建全渠道协同服务新生态；实施业务流程的数字化革新，构建智慧高效的业务运营新体系；通过积木拼接式创新，发布上万个可复用、可拼接的金融服务，灵活创新多款金融产品，有效响应市场需求。

（3）**产品研发方面**。工商银行建立灵活高效的研发机制，激发创新动力，按照"板块化、开放化、差异化、扁平化"的思路，在研发模式、研发流程、研发资源等方面实施深度变革，实现更灵活、更高效的响应机制；

推进"产学研"联合攻关机制，围绕多方安全计算、联邦学习、量子技术、区块链、5G等前瞻技术，共建金融信息基础设施、5G金融应用、AI联合实验室等，联合高校及业界领先企业申报有关底层算法和隐私保护技术等的国家科技课题，强化前沿技术创新。

（4）**风险管理方面**。工商银行运用"融安e信"完成全行人员风险排查和预警；与同盾科技一起打磨智能风控产品，完善大数据风控体系；探索声纹风控新模式，利用声纹识别技术快速、无感地为客户经理提供身份识别和欺诈风险判断依据，全面提升智能风控水平和客户服务体验；升级服务同业的智能反洗钱系统——"工银Brains"，覆盖客户身份识别、客户风险分类、大额和可疑交易监测等与反洗钱工作相关的全流程，向多家同业及非银机构提供服务；完善风险大数据智能服务产品"融安e信"，构建黑名单服务、风险、情报、关联、动态监控等产品体系，有效防范外部欺诈风险。

（5）**人才建设方面**。工商银行有序推进金融科技人才兴业工程，加大"科技菁英"校园招聘力度，积极引入高端社会化专业科技人才，加大各个层级的金融和科技人员的交流，探索建立融"科技培养、业务使用"于一体的金融科技人才"蓄水池"，积极培养"懂业务、通技术"的复合型金融科技人才。

7.1.4 智能化：数字化技术日臻成熟

评价：★★★★☆

工商银行在数字化技术研发和应用方面较为成熟，开展的主要措施包括打造"核心业务系统＋开放式生态系统"的新型IT架构，推进人工智能、区块链、云计算、大数据、5G等前沿技术与金融服务深度融合，建设平台银行、移动银行、智慧银行，全方位提升经营管理质效。

1. 打造核心业务系统

作为金融科技应用的集大成者，第五代新系统——ECOS已得到顺利推进并取得实质性成果，并基本实现了客户服务"智慧"普惠、金融生态"开放"互联、业务运营"共享"联动、创新研发"高效"灵活、业务科技"融合"共建的目标。工商银行通过打造"核心业务系统＋开放式生态系统"的新型IT架构，建成了金融级云平台，并打造了体系完备、服务能力领先的分布式技术体系，率先完成了核心系统中最关键和数据量最大的借记卡账户下移主机过程，实现了大型银行IT架构的历史性突破。

2. 应用前沿科学技术

工商银行不断加强基础设施建设，深化科技与业务融合创新，打造了一系列服务能力强、具有行业领跑优势的新技术平台。

（1）工商银行全面建成了自主可控、同业领先的企业级人工智能技术体系，打造了"看、听、想、说、做"五大人工智能核心能力，建成了一站式AI建模工作站，并充分利用了人脸、声纹、虹膜等多种生物特征识别技术，实现了机器学习、光学字符识别、机器人流程自动化、知识图谱等主流人工智能技术的广泛应用。

（2）工商银行打造了"区块链＋"价值品牌，实现了多项技术突破，提交了多项专利申请，获得了工业和信息化部"可信区块链"专项评测全项认证；先后在慈善资金、医疗服务、工程建设、银行函证等多个领域进行场景落地，直接服务了多家机构。

（3）工商银行完成了新一代云计算平台建设，并在基础设施云服务、平台服务云规模方面处于同业领先地位；搭建了基于"云计算＋分布式"的开放平台架构，建成了包括核心业务基础支撑框架、账户体系、产品服务在内的开放平台核心银行系统；基于云计算技术实现了金融服务100%云化。

（4）工商银行构建起了"深度感知、开放应用"的大数据与人工智能服务平台，并率先实现了"六大融合"标准，即算力融合、流批融合、事务分析融合、模块融合、云数融合、数智融合。

（5）工商银行率先完成了 5G 消息平台建设、5G 消息业务试点；锻造了物联网全面连接技术能力，打造了"端、边、云"一体化物联网技术体系，搭建了企业级音视频平台，该平台支持云网点、云柜台等创新型客服模式。

（6）工商银行加快了对量子信息、卫星遥感等技术的研究和应用，并持续提升数字技术的综合应用能力。通过搭建全面的数字化基础设施，积极探索前沿新技术的创新应用，例如工商银行借助卫星遥感技术，对农作物生长、大型工程类项目建设进行贷后智能监控。工商银行在业内还首次将量子随机数应用在客户登录、支付结算、资金交易等重要金融场景，对客户信息进行标识和校验，从而有力保障了客户权益。

3. 提升经营管理质效

工商银行通过建设平台银行、移动银行、智慧银行，深化数字化转型应用，全方位提升经营管理质效。

（1）平台银行建设涉及如下方面。

- 搭建工商银行云平台，提供"行业＋金融"综合化服务，覆盖多个行业和细分领域，上线教育云、党建云、物业云、人力云等多款标准化云服务，实现了即租即用。
- 搭建 API 开放平台，提供定制化、组件化 API 服务，大幅增加开放的服务类型、产品数量、应用接口等，稳步提升开放能力，增加合作方数量。
- 搭建聚富通平台，将聚富通嵌入综合金融服务平台，以服务政务、交通、医疗、旅游、农业等多个行业，与一批政府、产业和消费互联网平台开展对接合作。
- 搭建法人手机银行平台，围绕企业客户需求，推出法人手机银行 3.0 平台。该平台实现了声纹认证、数字人客服、光学字符识别等新应用。

- 上线经营快贷、e抵快贷、结售汇、征信查询、代发工资等功能和产品，推出线上预约开户功能，推进个人线上服务升级。
- 搭建移动便民支付平台，深耕三方支付便民消费场景，比如参与了多期北京、武汉消费券发放活动，触达多个客户，直接带动消费额快速增长；疫情期间持续开展"云购买菜""安心出行""工享美食季"等多个主题活动。

（2）移动银行建设涉及如下方面。

- **融e行**：加强科技创新，推出手机银行6.0，打造"客户经理云工作室"和"云网点"，推出声纹登录、AR识别外币、AI智能推荐等功能；引领服务重心下沉，面向县域市场推出"美好家园版"产品，提供"惠民、惠农、惠商"专属金融服务，已在多家县域支行上线；实施适老化改造，持续优化"幸福生活版"适老亲老功能体验，提升老年人移动金融服务便利化水平；推进线上线下一体化建设，疫情期间快速推出卡密码在线修改、LPR利率转换、他行信用卡还款等"无接触"功能；支持多个场景下的线上下单、线下邮寄服务，支持用手机银行扫码代替银行卡的方式在网点办理多项业务。
- **融e购**：完成3.0进阶工程，推出刷脸注册、App聚合支付等与购物交互体验相关的功能；坚持特色化和品质化经营，加快布局采购、差旅、跨境电商等重点领域，通过"5e+4"（e采购、e资产、e跨境、e差旅、e公益、银法通、车云贷、集客平台、开放平台）特色板块实现了交易金额快速增长。
- **融e联**：精细化打磨用户体验，完成5.0改版升级，全面优化主界面功能布局及流程体验；上线客户经理微信小程序，实现沟通到交易的闭环；推出黄金红包，以及"金融+社交"黄金积存新模式。
- **e生活**：实现全触点流量运营转型，建立H5、App、小程序、公众号、生活号等全渠道立体运营生态；构建"购物、餐饮、住宿、出行、娱乐、教育、健康、城市服务、扶贫普惠"9个场景,打造"购物、积分、分期、内购、扶贫、欢趣"6个专区。

- **e钱包**:涵盖政务办理、民生服务、交通出行、会员管理、购房服务、消费金融等场景,服务客户数量持续增加;疫情期间创新推出"零接触"全线上薪酬服务模式,采取全线上开户、全线上发薪流程。

(3)"智慧银行"建设方面,聚焦打造智慧银行生态系统,深化GBC三端联动,服务政府和企业数字化转型,在智慧政务、智慧出行、智慧医保、智慧校园、智慧司法等领域建成多个有效互联网场景,提升客户金融服务体验。

- **智慧政务**:运营"北京通""皖事通""陕政通"等省级以及"i许昌"等地市级政务平台;与多家省级农业农村厅合作开发并上线农村三资管理平台;与多个地方政府合作在多个城市实现抵押登记系统互联,提供公积金综合服务。推广"工银e政务"产品,提供"政务+金融"服务,推进机构用户拓展;全力服务"云上"广交会、进博会等大型会展。
- **智慧出行**:打造ETC、无感支付、电子乘车码三大核心产品;推出"e乘车"小程序,支持各类扫码乘车,覆盖全国多个城市。
- **智慧医保**:紧跟国家医疗改革方向,广泛签发医保电子凭证,在多个省区上线医保清算移动支付平台;面向医疗器械行业,首创"互联网+医疗器械+金融"服务方案"商医云"。
- **智慧校园**:开通"银校通"业务,为家长、学生和学校提供缴费、管理、疫情防控等综合服务,带动个人客户持续增加。
- **智慧司法**:服务国家司法体制改革,融e购司法拍卖平台已推广至多家法院。

7.1.5 全景化：数据资产价值初步显现

评价：★★★☆

工商银行以打造数字银行为目标，提升数据资产价值，主要措施包括强化数据资产管理、建设数据中台、发展数字业态、确保数字安全等。

1. 强化数据资产管理

工商银行深度参与数据要素市场化改革，提出两大路径（即数据资产化和数字产业化），将数据能力提升到更高的战略高度。具体而言，工商银行对内深入推动数字资产化，做实、做强、做活数据资产。对外则积极参与数字产业化，共建数据要素市场，深化政务、医疗、物流、电力等方面的数据交易，开发更多智能应用；强化算法模型、信息系统等与数据服务相关的能力的对外输出。目前，工商银行出品的融安e信、融安e盾、融安e防等系列产品已在相关企业和同业得到广泛应用。

2. 建设数据中台

工商银行的数据中台总体数据容量超过100PB，并形成总规模覆盖数十亿实体和数百亿关系的知识图谱，沉淀了数万个通用共享指标。其数据中台可助力上万分析师、数据科学家同时进行即席查询和在线数据探索，全面提升了数据处理能力。

3. 发展数字业态

工商银行依托ECOS全面打造零售、对公、政务、乡村等领域协同发展的数字新业态，从而实现了全行经营动能转换、质量升级和效率提升。

（1）**零售方面**：打造"云上工行"零售业务，推出个人手机银行6.0，加快推进手机银行与物理网点的"融合式打通"；通过手机银行和微信小程序创新，推出互动式线上"云网点"、客户经理"云工作室"，提供"屏对屏"非接触金融服务。

（2）**对公方面**：依托云计算、分布式等技术搭建了科技平台，提供 7×24 小时线上线下一体化金融服务；为赋能链式产业金融生态，紧跟行业龙头企业转型步伐，将金融服务触角向更广泛的群体延伸；为数字化转型龙头企业集中输出账户、存款、支付、融资等金融产品，赋能关联企业各类线上应用场景；面向大型工业互联网平台，统一输出对公线上支付、一体化收单、安心账户对账、供应链融资等服务；与"走出去"类重点企业客户对接，促进服务普惠与生态繁荣，推出"云闪贷""电 e 贷""跨境贷"等产品，深化产品创新与场景拓展，助力企业数字化转型。

（3）**政务方面**：加快政务要素市场建设，积极参与要素市场建设，深化与省级大数据中心的合作，借助多维度平台政务数据创新融资产品；参与上海市公共数据开放应用试点项目，利用政府采购数据创新上线"政采贷"；上线智慧政务服务，通过自助终端提供社保权益查询等政务服务，基于社保、纳税等政务数据合作推出普惠大数据信用贷款业。

（4）**乡村方面**：构建乡村金融新模式，打造数字乡村综合服务平台，面向村集体、村办企业、村民客群，提供政务、财务、村务、党务、金融等一站式综合服务，覆盖多个省市自治区；升级便携式智能终端等设备，实现新开卡、注册电子银行、境内转账汇款等多项业务；升级推出"千县千面"个人手机银行美好家园版，针对不同地区的特色提供线上县域专属服务。

4. 确保数字安全

工商银行筑牢安全生产底线，积极应对因复杂多变的外部形势和不断革新的技术带来的新挑战，坚守安全生产底线，继续保持较高水平的安全生产运营，努力促使技术支撑、监控分析、应急处置、性能规划与管控等生产运营能力跃上新台阶；推进安全运营转型，逐步形成与自主可控、分布式等新技术路线相适应的生产运营管理体系；持续完善业务运营监控体系，监控计算时效由分钟级提升至 10 秒级；完成年度同城切换运行和业务级异地灾备演练，持续提升业务连续性保障水平；建设一体化安全防御体系，保证信息系统安全平稳运行，为广大客户提供安全稳定的金融服务；加大安全能力输出，为金融行业级安全态势感知建设、金融行业网络安全态势研究提供助力。

7.2 建设银行：优势突出、动能较强

整体评价：★★★★

从整体看，建设银行数字化转型处于同业领先地位，突出的特点是信息系统建设理念较为先进、应用较为成熟。建设银行以信息系统迭代更新为契机，深挖经营管理底层逻辑，推动业务模型、流程模型、产品模型、数据模型、客户体验模型建设，为标准化、规范化产品供给奠定基础，为精细化、个性化客户服务提供保障。

7.2.1 体系化：数字化组织不断完善

评价：★★★☆

建设银行探索推进组织体系化，以为数字化转型夯实组织基础，主要措施包括设立多个专业委员会，组建"三部、一公司、八直属机构"金融科技新布局，组建柔性团队。

（1）以数字化转型为目标，完善顶层设计，设立多个委员会，即数字化建设委员会、金融科技创新委员会、数据治理委员会，目的是在全行层面统筹数字化转型、金融科技创新和数据治理工作，确保前中后台、总分行、母子公司协同推进相关工作。

（2）为推进数字化转型战略落地，建设银行完善了组织体系，组建了"三部、一公司、八直属机构"。"三部"即金融科技部、数据管理部、产品创新与管理部；"一公司"即建信金融科技公司；"八直属机构"即金融科技创新中心、数字化工厂、远程智能银行中心、运营数据中心、广州电子银行研发中心、合肥电子银行业务中心、上海大数据智慧中心、"惠懂你"平台运营中心。其中，运营数据中心下设云运管中心、测试中心、网管中心，总体工作目标是建设具备安全稳定、自主可控、弹性敏捷、高速连接、绿色智能、融合共享6个特征的新型数据中心，打造"建行云"服务品牌，从金融同业领先迈向科技行业一流，践行金融科技战略，全面支撑新金融。

（3）组建跨条线、跨部门柔性团队，夯实数字化经营人才储备基础，不断提升依托场景平台开展数字化经营的意识和能力。

7.2.2 标准化：数字化财务规则深入探索

评价：★★★☆

建设银行紧跟数字化转型发展趋势，探索数字化经营能力考核评价体系，完善价值核算和分配机制，同时通过建立员工业绩计量系统、"慧视"系列产品体系、以"交易核算分离"为特征的会计核算体系，使得员工层面、产品层面、客户层面的价值核算和分配更加精确、完善。

（1）**建立数字化经营能力考核评价体系**。综合客户洞察、模型应用、平台生态、产品权益、组织协同等维度，探索创新数字化经营能力考核评价体系，完善价值核算和分配机制，为数字化转型夯实基础。其中，客户洞察旨在建立体系化的客户标签和内容标签体系，通过多维度精准客户分层，以及多维度指标输出精准的客户画像；模型应用既包括客户拓展模型、产品组装模型，也包括风险防控模型、财务分析模型等；平台生态关注金融服务与客户生产、生活的对接情况，力求形成多点、循环、渗透的服务模式;产品权益涉及银行在金融产品供给过程中承担的义务、成本、风险等;组织协同不仅强调行内各组织之间的密切配合,还强调行内外各组织的协同共赢。

(2)**建立员工业绩计量系统**。实现团队和个人业绩准确计量,甚至对跨一级分行的团队营销都能做到准确计量;在总行层面将重大营销任务分解到机构、团队和个人,将全行战略高效传导至一线员工。

(3)**打造"慧视"系列产品体系**。为各级管理岗位提供"智慧可视"的管理决策支持视图,用户通过手机App即可随时查看最新经营信息。例如,支行行长通过手机App首页可查看上一日客户存款大额变动情况;又如,对于存款金额流出过大的客户,及时安排客户经理寻找原因并进行补救。

(4)**搭建以"交易核算分离"为特征的会计核算体系**。通过交易核算分离,实现利率、汇率、费率等价格参数的灵活配置,支持产品组装生产和快速创新,提供客户维度的差异化定价和在线实时测算;从机构维度、客户维度、产品维度为管理层提供经营情况报告,有效支持财会业务决策。

7.2.3 模型化:数字化机制不断完善

评价:★★★☆

建设银行深入探索客户需求和金融服务本质,强化客户管理、产品管理、风险管理等层面的业务模型建设,通过复用理念,推动机制优化和流程集约,主要措施包括完善产品供给和创新机制、构建"以客户为中心"的服务体系、完善风险防控工具和手段等,为数字化转型提供强大机制保障。

1. 完善产品供给和创新机制

建设银行在这方面的主要举措包括研发企业级产品谱系管理平台、打造产品装配工厂、提升产品供给效率、丰富产品供给体系、完善产品创新机制等。

（1）**研发企业级产品谱系管理平台**。推动产品标准化、产品数据标准化、产品管理流程标准化建设，构建多维实时数据供应架构，将洗钱风险评估、消保审查、会计核算规范性审查无缝嵌入产品创新流程，实现支付结算领域涉赌涉诈风险实时监测模型，对可疑交易和账户进行实时阻断和管控，这些有效提升了全行产品和产品创新管理水平，持续释放了企业级价值创造力。

（2）**打造产品装配工厂**。在企业级范围内建立可复用的"积木块"，以支持根据客户需求快速灵活组装产品。目前，建设银行95%的可售产品是通过"配置型产品创新"得到的。

（3）**提升产品供给效率**。推动流程再造，实现秒批秒贷，依托"新一代"组件化功能实施流程再造，创新推出"小微快贷"线上业务，对于信用贷款实现自动化审批，在客户信息完整的情况下，真正做到秒申、秒批、秒贷；同时打通网银、手机银行、智慧柜员机、官方网站、手机App等多种渠道，实现客户贷款申请、支用和自主还款等操作的全程线上化，为客户随时随地提供服务。

（4）**丰富产品供给体系**。聚焦降低门槛、简化流程、减少抵押等工作，从交易、结算、纳税、采购等场景切入，围绕小微企业实际需要，创新定制产品；为已积累一定金融资产且信用状况较好的客户，适配"结算云贷"产品，给予较高贷款额度；为刚接触的小额无贷户，推出"账户云贷"产品，主动降低信用贷款准入门槛，引导客户体验小额贷款服务；搭建智慧乡村平台，创新"裕农快贷"系列产品，推出"地押云贷""农信云贷"等线上产品，为新型农业经营主体提供更好的营商环境；依托服务大企业优势，创新供应链网络银行业务，实现交易流、资金流及物流"三流合一"，将金融活水从大企业供应链引向小微企业。

（5）**完善产品创新机制**。持续开展"创新马拉松"活动，培养创新文化，发现创新型人才，塑造创新品牌；依托产品创新实验室平台，形成支持战略性项目研发、前瞻性项目孵化的常态化创新机制；加强众创平台推广，建立常态化创意统筹机制，广泛调动基层创新智慧，激发自主创新活力。

2. 构建"以客户为中心"的服务体系

建设银行在这方面所做工作包括构建数字化经营能力、提升以客户为中心的综合服务能力、打造完整协同的智慧渠道转型能力、增强集约化的业务运营能力、强化境内外和集团一体化支撑能力等。

（1）**构建数字化经营能力**。积极践行新金融理念，围绕"建生态、搭场景、扩用户"，统筹建立数字化经营工作机制，稳步推进数字化经营常态化；聚焦乡村振兴、智慧政务等重点领域的数字化经营，推动数字化经营能力提升和先进经验复用共享；加速推进业务、数据和技术三大中台建设，确保业务中台以用户、商户、权益、支付为核心进行建设。

（2）**提升以客户为中心的综合服务能力**。整合全行客户信息，形成统一客户视图，实现全方位客户画像，支持个性化服务和精准化营销；在对私数字化营销方面，建立企业级营销模型，在对公数字化营销方面，制定专属营销模型和方案；按照客群特征制定多种营销策略、产品组合套餐，实现差异化定价和综合化服务，提供金融综合解决方案。

（3）**打造充分协同的智慧渠道转型能力**。以"移动优先"为原则，丰富渠道类型，通过电子渠道和智慧柜员机完成柜面业务；延伸第三方客户渠道，以及劳动者港湾、智慧缴费等社会化服务渠道，探索融合服务新模式；在手机、电话、自助设备等渠道上综合运用语音识别、图像识别等人工智能技术，提高自动化处理效率和准确度，提升客户满意度。

（4）**增强集约化的业务运营能力**。打造集约化运营平台，实现前后台业务作业分离；在凭证处理方面，采用图像识别和自动验印等技术，实现业务集约、高效处理，节约工时，并为网点转型创造条件；在现金业务方面，采用物流行业的现代配送中心模型，形成一体化运营配送机制，实现金库的智能化管理；创新云生产模式，标准化工作众包，降低人力成本。

（5）**强化境内外和集团一体化支撑能力**。支持多语言、多法人、多时区的金融服务，统一母子公司、境内外标准，实现境内外业务处理全流程一体化。"新一代核心系统"在全球29家境外机构推广，覆盖了24个国家和地区，真正实现了"一个版本、全球部署；一次研发、全行共享"，大幅降低了海外IT系统开发和运营成本。

3. 完善风险防控工具和手段

完善风险防控主要体现在重构授信模式、优化风险模型、将风险内控机制嵌入业务流程等方面。

（1）**重构授信模式**。建设银行充分认识到，小微企业信息不充分、不真实，是造成小微企业融资难的核心原因。为此，建设银行充分发挥科技和数据优势，用大数据手段分析小微企业生产经营和信用状况，推动信用体系建设，重构小微金融授信模式。建设银行推出评分卡评价模式，从"以财务指标为核心的信用评级"转向"以交易记录等大数据为核心的履约能力判断"，挖掘小微企业信誉曲线，建立融资"正面清单"，解决小微企业资信不完整问题。

（2）**优化风险模型**。建立企业级风险模型实验室，利用大数据集市和人工智能算法构建风险模型，提升风险识别能力。

（3）**风险内控机制嵌入业务流程**。在业务系统建设过程中，将风险内控机制嵌入业务流程的前中后台的各个环节，协同管理，及时进行风险监测、预警和处置，实现风险在渠道、产品、客户多层次防控，让银行具备了全方位、智能化的风险联防联控能力。

7.2.4 智能化：核心系统建设日臻成熟

评价：★★★★☆

建设银行核心系统升级换代是一项庞大而复杂的工程，累计开发了多项创新功能并优化了多个功能，目标是打造满足未来 10 至 15 年转型发展需求的信息技术平台。建设银行从用户体验视角、从全行一盘棋角度去设计和研发系统，彻底打破部门级的竖井式研发模式，由单一项目管控模式向"一套业务模型、一套 IT 架构、一套实施工艺、一套管理流程"管理模式转型。

1. 新一代业务建模

通过梳理全行业务，建设银行构建出覆盖全行经营管理的 6 个业务价值链（产品管理、营销支持、产品运营、业务支持、风险管控、决策与报告），根据业务组件搭建出全行业务架构，并通过企业级建模填充业务架构，建立集团层面的业务模型、流程模型、数据模型、产品模型以及用户体验模型。

（1）**业务建模**。将银行的战略需求以及日常操作需求，通过结构化、层次化、标准化的方法，用流程模型、数据模型、产品模型和用户体验模型来描述。建设银行共提炼出 26 个业务方向、102 个转型举措，形成 114 个业务组件，几乎涵盖所有的业务功能。

（2）**流程建模**。用标准化的方式对业务流程进行分层表述。通过流程建模，业务流程由最初的 11000 个降到 969 个，并且其中近一半活动可以跨部门共享复用。

（3）**数据建模**。从企业级视角对全行的业务数据、业务指标进行规范化、标准化梳理，为经营管理提供准确的决策依据。

（4）**产品建模**。采用结构化、标准化的方法梳理出具有共性的 201 个基础产品，并提炼出配置条件，以装配方式构建出 2 万多个可售产品。

（5）**用户体验建模**。用结构化、标准化的方法描述人机交互界面，按照渠道的分类建立统一、专业化的界面框架和设计标准，实现人机交互界面的统一、易用，提升用户体验。

2."集中+分布式"架构体系

"集中+分布式"的双模式融合架构可发挥主机可用性高、稳定性高、可靠性高、管理简单的优点,将对私存款与借记卡这类交易量大、对可用性和一致性要求高、需求变动不频繁的关键应用保留在主机上;将交易量大、对可用性要求高但对一致性要求略低的重要应用的部分功能部署在分布式平台上。总体上,系统将逐步从大型机、小型机集中式架构向X86分布式架构过渡。新一代架构由"7+1"层12平台构成。"7+1"层指渠道整合层、客户服务整合层、应用集成层、外联集成层、产品服务层、数据集成层、管理分析层,以及基础设施与治理层。12平台指P1客户渠道整合平台,P2员工渠道整合平台,P3客户服务整合平台,P4企业级服务总线,P5外联集成平台,P6、P7、P8产品服务平台,P9数据集成平台,P10、P11管理分析服务平台,P12在线交易数据服务平台。

(1) **渠道整合层**。提供一致的客户体验,提高客户满意度,支持新兴渠道的部署和对现有渠道能力的拓展,支持业务的多渠道部署。

(2) **客户服务整合层**。提供端到端跨部门、跨角色的业务流程编排服务,区分外部客户部门和内部管理部门,满足不同业务流程处理要求。

(3) **应用集成层**。提供统一的应用注册、发布、调用服务,有效降低IT系统之间的耦合度。

(4) **外联集成层**。提供快速与外部合作伙伴集成的能力,专注外部金融、非金融机构与建设银行之间的系统交互。

(5) **产品服务层**。处理与渠道无关的产品、服务,实现产品、服务全行共享。

(6) **数据集成层**。按照数据模型整合企业范围内的各类数据,提供一致的数据计算和访问服务。

(7) **管理分析层**。为银行内部管理和决策提供集中管理分析的服务和支持。

（8）**基础设施与治理层**。提供安全监控、基础设施服务，以及与服务颗粒度、服务质量等相关的非功能性的 IT 治理层面的服务。

7.2.5　全景化：数据资产管理成效初显

评价：★★★☆

建设银行以打造数字银行为目标，提升数据资产价值，采用的主要措施包括强化数据资产管理、建设数据中台、推动数字化经营、完善数字化风控等。

1. 强化数据资产管理

通过建设新一代核心系统，建设银行形成了完整的数据管理体系和数据应用体系。

（1）**制定"数据规范"**。通过数据五级建模对全行业务数据、业务指标进行梳理，打破部门级数据孤岛，保证企业级数据标准、完善、一致、可信。

（2）**建立"企业级数据仓库"**。集成银行内外结构化数据、非结构化、半结构化数据，形成面向业务的统一数据视图，构建业务与数据的桥梁，最大化发挥数据的业务价值。

（3）**打造灵活多样的数据应用**。针对不同用户类型的差异化需求，提供定制页面、固定报表、自助查询模型等，这些均可服务于网点负责人、高级管理人员、数据专家等各类角色，并培养用户自主使用数据的能力。

2. 建设数据中台

建设银行打造企业级大数据云平台，实现了 EB 级分布式海量云存储；建立数据湖，增强了对非结构化数据的采集和处理能力；利用分布式处理技术，提升了海量数据计算能力；构建泛金融数据模型，整合外部数据，形成了多元数据体系；建设数据运营平台，动态管理运营数据；提供多种数据应用模式，支持用户自主使用数据。

3. 推动数字化经营

建设银行以数字化理念为引领，推动管理模式和经营模式的转变。

（1）**管理模式方面**。聚焦共享复用能力标准化、产品化，推进业务、数据、技术三大中台建设，加强策略引领、渠道协调、风险合规、财务配置等底层支持能力；不断提升大数据分析和模型搭建能力，沉淀分行特色数字化经营经验；强化企业级需求统筹能力，优化创新资源配置，完善创新机制。

（2）**经营模式方面**。聚焦住房租赁、普惠金融、乡村振兴、智慧政务等重点领域，充分发挥数据科技支撑、场景平台运营优势，通过织网络、搭平台、建场景、育生态、重运营，实现金融服务下沉；广泛延伸金融服务触角，更好地与住房、交通、教育、医疗、养老等生活和社交场景融合，实现无处不在、精准触达的银行服务模式，不断推动集团数字化经营常态化运行体系的建立和完善；敏捷响应业务需求，打造融合 C 端场景的新零售格局，构建产融结合的新对公生态，提升横向服务政府的数字治理能力，完善纵向服务住房租赁、乡村振兴、教育医疗等领域的智慧生态服务体系。

4. 完善数字化风控

建设银行在这方面的主要措施包括打造通用能力、强化系统应用、构建集团统一风险视图等。

（1）**打造通用能力**。以用户为中心，以数据为基础，以技术为驱动，以敏捷组织和创新机制为支撑，着力推动智能风控嵌入 B、C、G、M（内部管理）四端，打造移动风控、RPA、反欺诈、反洗钱四大通用能力，为全渠道、全机构、全客户、全员广泛进行风险管理赋能。

（2）**强化系统应用**。拓展线上业务风险排查系统（RSD）的应用，使其覆盖普惠、住房金融、信用卡等业务条线，统一全行准入底线；推广风险决策支持系统（RMD），帮助基层机构自主灵活地运用模型、工具来解决风控难点，通过模型复用，有效提高基层机构风险监测和分析能力；优化全面风险监控预警系统（RAD）、"慧风控"手机 App、负面舆情"神投手"，增强移动风控能力，提升预警前瞻性和准确性；研发线上业务反欺诈筛查系统，试点反欺诈核查流程，实现实时单笔调用和毫秒级响应拦截。

（3）**构建集团统一风险视图**。支持客户全量风险敞口实时加总和逐级下钻；依托金融科技提升授信审批质效。

7.3 招商银行：内核驱动、特色鲜明

整体评价：★★★☆

从整体看，招商银行在完善数字化组织体系、建立数字化财务规则、推进数字化模型建设等方面的探索较为深入，成效较为显著。可以说，数字化转型推动招商银行深化改革，形成强大驱动能力，释放出巨大红利优势，引领经营管理质效持续提升。总体而言，招商银行数字化转型以内在核心为驱动，以外在特色为体现。

7.3.1 体系化：数字化组织较为完备

评价：★★★★

招商银行积极推进组织体系化，为数字化转型夯实组织基础，主要措施包括完善顶层设计、完善组织架构、优化团队设置、吸纳外部资源等。

（1）**完善顶层设计**。在高级管理层下面设置金融科技委员会，由总行

行长担任委员会主任委员、首席信息官担任副主任委员，并负责审议全行金融科技发展战略、生态投资与外部合作相关事项、全行金融科技重大项目建立等事宜。

（2）**完善组织架构**。成立金融科技委员会办公室，并由其牵头推进金融科技委员会部署的相关事项；成立信息技术部，并由其统筹全行信息技术管理；组建"六大中心"，保留测试中心、数据中心，新设零售应用研发中心、批发应用研发中心、基础设施研发中心、数据资产与平台研发中心，并由新设的四个中心分别针对零售业务、对公业务、硬软件基础设施及数字化转型提供支撑；成立招银云创子公司，为金融业相关机构提供定制化的信息技术管理服务（涵盖咨询、实施、培训等服务）包括金融信息技术解决方案、信息技术服务管理解决方案、数据中心服务能力成熟度评估与咨询、运维管理服务。

（3）**优化团队设置**。构建以"燃梦计划"和"助燃计划"为主要工作内容的常态化小团队，支持项目随时申报，一轮快速评审，立项成功即获得启动预算和孵化支持。这样做旨在运用新技术和新模式，围绕数字化时代的客户服务需求，营造全行金融科技创新氛围。同时，打造开放融合组织，即跨前中后台、跨总分行的敏捷、融合团队，以求在开展复杂工作时，在解决客户痛点方面发挥重大作用；探索宽岗机制和队伍融合，打通各业务条线之间的权限壁垒，让基层客户经理能够为客户提供全方位服务，减少服务断点，提升客户体验。

（4）**吸纳外部资源**。开展产学研用一体化合作，积极探索前沿技术在金融场景中的应用，与中国科学技术大学共建人工智能联合实验室，促进双方发挥各自优势，实现科技创新与产业发展相融合；与中国科学院在自然语言处理领域开展深度合作，重点面向金融知识图谱、智能应答等领域提供支持。设立金融科技创新生态基金，聚焦业务合作，不以投资标的的财务收益为目的，旨在寻找与具有本公司业务相符的生态协同能力的优质合作伙伴，并与其建立中长期战略合作关系，通过投资加深合作力度和牢度，共同构建服务客户的生态场景。目前，招商银行已经在企业服务、财富管理、风险管理 3 个方向建立了生态合作连接，并储备了数十个优质合作伙伴。

7.3.2　标准化：数字化财务规则引领经营管理

评价：★★★☆

招商银行紧跟数字化转型发展趋势，不断完善财务规则，引导每位员工以客户需求为中心，提升价值创造能力。相关的主要措施包括建立"北极星"指标、优化客户融资总量指标、打造大财富管理价值循环链、完善用户体验监测体系、构建价值驱动的精益管理体系等。

（1）**建立"北极星"指标**。以用户体验为导向，把月活跃用户作为"北极星"指标，并用其牵引招商银行不断强化和完善"全产品、全渠道、全客群"服务体系建设，为客户提供高品质的金融和泛金融服务；同时，实现从业务发展到组织体系、管理方式、服务模式，再到思维、理念、文化和价值观的全方位数字化转型。

（2）**优化客户融资总量指标**。结合银行业务创新趋势，建立客户融资总量指标，包括传统融资和非传统融资指标。其中，传统融资涉及的指标包括与对公一般性贷款与商票贴现（含转出未到期的票据）、承兑、信用证、融资性保函与非融资性保函相关的指标。非传统融资涉及的指标包括与资产经营、融资性理财、本公司主承销债务融资、撮合交易、融资租赁、跨境联动融资、牵头银团贷款等相关的指标。

（3）**打造大财富管理价值循环链**。围绕大财富管理价值循环链，各业务线逐步找到各自的价值定位。比如，批发、零售客户两大业务线在代发业务拓展和私人银行客群拓展方面合作更加紧密；在私人银行业务线，重点企业高管开立私人银行卡的增长较快，私人银行对公有效账户数量也明显增长。优质资产组织为大财富管理提供了产品支撑，投商行一体化服务模式放大了资产组织的业务宽度和广度，使其在"财富管理—资产管理—投资银行"价值链上充分发挥生态价值，实现业务规模和收入的显著增长。同时，各子公司结合差异化优势，主动融入大财富管理体系，从而加强了银行整体的多牌照服务优势。

（4）**完善用户体验监测体系**。重新定义银行服务逻辑和客户体验。交易思维是商家立场，服务旅程才是客户立场。招商银行从客户立场出发，全流程改变产品逻辑、服务方式和交互设计，把用户体验上升到前所未有的高度，为此专门上线了"风铃"系统；从客户全旅程视角出发，打通内部20多个系统，集中3万余个埋点数据、1200余项体验指标，将客户体验由以往主观、定性的评价变成清晰、量化的结果；构建"监测—分析—改进"的客户体验管理闭环，让客户体验的改进方向更加清晰、有说服力。

（5）**构建价值驱动的精益管理体系**。持续提升研发效能，促进业务和信息科技板块的开放融合、高效协作，持续提升银行产品交付速度；开展数字产品管理训练营，培养价值驱动、结果导向的产品思维，引导信息科技资源投向高价值需求，推动价值创造；建设"开放、融合、平视、包容"的轻文化，探索OKR工作法（即目标与关键成果法），激发员工自驱力，促进员工做正确的事。

7.3.3 模型化：数字化机制深入推进

评价：★★★☆

招商银行紧密围绕战略目标，基于金融科技的理念和方法，转变经营管理模式，以科技敏捷带动业务敏捷。因此开展的主要措施包括转变经营模式、推动流程重构、完善产品创新机制、建立资源投入保障机制、强化人才培养机制、建立开放文化。

（1）**转变经营模式**。探索客户分层分类经营模式，强化客户洞察，针对处于不同人生阶段的客户，推出针对不同客群的差异化营销体系，以更好地满足客户的实际需求；引入面向全市场的优质产品，努力成为客户进行支付结算和财富管理的主银行，不断提升招商银行在客户日常消费、理财中的份额；打造综合化经营体系，打通理财、信贷和信用卡系统，打通线上和线下渠道，共同服务客户，让客户在"网点+App+场景"生态中享受更多本公司提供的综合化服务；探索"投商行一体化"经营模式，通过投资银行业务建立客户关系并保持客户黏性；搭建核心场景和多维生态，提升用户使用黏性，构建场景丰富的零售客户服务生态体系，在便民、出行、饭票、影票四大场景下的服务探索中取得初步成效；以总行网络经营服务中心、分行网点线上店、理财客户经理连线等多样化方式，构建"总分支—客户经理"线上和线下立体化经营体系。

（2）**推动流程重构**。以流程重构为抓手，持续提升客户体验，将集团各板块业务分为核心业务、战略业务和创新业务，或按关键驱动因素分为客户驱动型业务和资源驱动型业务，同时打通线上审批、风险、合规、运营流程，持续推进金融服务流程重塑和效率提升。

（3）**完善产品创新机制**。初步建立常态化的"创新工场"机制，包括小团队的立项筛选机制、脱产团队的成立机制和季度回检机制。同时，搭建创新孵化基础设施和支持体系，包括联合外部孵化器构建独立的孵化场地；优化云服务、人力外包机制；构建面向全行的开放课程体系，通过创新容器，保证小团队在3个月内实现最小化可行产品验证，营造创新氛围，激发全员创新活力；建立容忍试错机制，鼓励科技团队大胆试错、开拓创新。

（4）**建立资源投入保障机制**。修订公司章程，规定每年投入金融科技的整体预算额度原则上不低于上年度营业收入的3.5%。

（5）**强化人才培养机制**。加快人员结构转型，构建适配金融科技银行的人才结构。持续加大金融科技人才引进力度，重点引进银行无法内生、短期内无法培养的高端、稀缺或跨界人才。同时，建立金融科技人才内生培养体系，构建协同顺畅、梯队合理的人才结构，使业务人员具有数字化思维，以数据驱动产品创新与运营；使技术人员往前站、懂业务，不断提升数据洞察能力与业务响应能力。

（6）**建立开放文化**。强调"开放、融合、平视、包容"的文化，激发每位员工、每个业务条线的自驱力，根据业务、管理和客户的需要不断地创新服务，给客户提供全新的服务，更好地提升客户体验。

7.3.4　智能化：基础设施建设不断完善

评价：★★★

招商银行积极探索数字化转型的实现路径，以创建行业领先的科技体系为目标，持续推动金融科技基础设施建设，建设高度敏捷技术引擎，灵活适应并全面支持大财富管理业务创新。其在这方面的主要措施包括打造"云"架构、建设技术中台、建设智慧银行和开放银行、完善应用体系建设等。

（1）**打造"云"架构**。持续打造领先的"招行云"，构建规模庞大、弹性敏捷、安全可靠的云基础设施，探索便于对系统和应用进行快速构建、扩展、开放和迭代的云原生建设机制，保障核心系统稳定可靠，支持核心业务扩展；打造开放型IT架构，全面启动科技基础设施从IT到DT的转型，积极推进主机上云和应用上云，实现总分行及子公司应用系统全面上云；为业务快速创新和需求交付提供可靠、敏捷、高效的支持；不断完善客服云、舆情云、视觉云。

（2）**建设技术中台**。以开放的思维将系统解耦，将功能模块微服务化、产品化，将各类通用能力沉淀为系统中台；通过技术中台持续沉淀各种企业级能力，以应用程序编程接口为主要共享形式，推动业务组件、技术组件的开放和复用，加快行内产品迭代更新的速度；同时降低行外合作方接入门槛，促使合作方服务好自身客户。

（3）**建设智慧银行和开放银行**。依靠大数据和人工智能技术打造智能服务机器人、流量分发决策机器人、智能坐席助手机器人、服务分析机器人、质检机器人等，覆盖用户洞察、流量分发、服务交互、需求再挖掘、管理提升五大模块；推出知识管理、数字营销、风险管控三大 AI 解决方案，支持业务的智能化发展；在智能客服、风险舆情、计算机视觉、知识管理、知识图谱和营销模型等技术在金融领域中的应用持续进行探索。同时，招商银行不断增强开放银行能力，统一对外提供服务的"Open API 平台"，服务金融支付、智慧停车、智慧医疗等不同场景，已赋能 629 家企业（至本书完稿时）。

（4）**完善应用体系建设**。在零售领域，加快客户关系管理系统的迭代，将其作为客户服务体系和客户经理管理体系平台，以及中台能力沉淀载体，并形成由场景串联的客户信息中心、资讯案例中心、业务办理中心、营销支持中心和团队建设中心；推出招商银行大字版 App，关怀老年客群；推出"一周财富精选"等精品栏目，不断丰富运营内容；搭建财富开放平台，对外部合作机构开放线上经营能力，共建财富生态；完成投资场景中台核心功能的开发，提供招商银行 App 投资场景快速创建能力。推进高频业务线上化，将"云闪贷"客户服务的办结时间缩短至 T+0。在中后台业务领域，打造全行统一的办公平台"招乎"，将其作为高效的沟通渠道、信息平台和协作工具。

7.3.5 全景化：数据资产管理持续加强

评价：★★★

招商银行通过强化技术底座、完善数据治理、打造数据中台等方式，深入挖掘数据资产价值，推动经营管理质效提升。

（1）**强化技术底座**。打造敏捷、智能、绿色的云数据中心，形成深圳、上海"两地三中心"的数据中心布局，为本公司业务提供更加弹性、智能、安全、可靠的 IT 基座。

（2）**完善数据治理**。基于数据仓库、大数据平台、数据湖等技术，全面推进数据的端到端应用，大力提升数据仓库和大数据平台的性能、数据处理和应用的时效性；聚焦全行精品高效数据资产建设，实现数据"好找敢用"，用数据分析赋能业务人员。

（3）**打造数据中台**。搭建全行统一数据门户，提升全行数据分析能力，利用数据中台最大化数据价值；推动数据打通，连接各个系统的工作流、信息流，实现一个入口通全行。

（4）**提升经营管理质效**。

❑ 在数字化经营方面，发布全新的企业数字化服务体系，搭建由企业网银、企业 App、小程序、门户网站、公众号、云直联、CBS 七大渠道组成的数字化多维平台；深化线上线下融合，打破线上与线下的边界，线上以智能投顾、小招顾问等满足用户便捷化、个性化需求，线下通过客户经理提供有信任感、有温度的服务，覆盖客户复杂、个性化金融需求，从客户视角提供人与数字浑然一体的沉浸式服务体验；以"招商银行"和"掌上生活"两大 App 为核心，涵盖网络经营服务中心、网点可视化设备的数字化服务网络。进一步加强招商银行智能客服 App "小招顾问"和掌上生活智能客服 App "小招助理"的 AI 服务能力和闭环服务能力，加速服务生态场景化，持续打造面向客户的智能服务产品；夯实理财智能顾问服务能力，完善"小招顾问"，依托 AI 大脑和海量数据开展推荐模型场景化训练，持续提升对千人千面服务的支撑能力。

❑ 在数字化管理方面，搭建客户体验智能化监测系统，加速客户体验管理从"响应式"向"主动式"转变；推动风险管理能力全面升级。比如，搭建智能风控平台"天秤"系统，以对电信诈骗交易进行有效拦截；搭建对公智能预警系统，以对有潜在风险的公司或客户进行及时预判和预警；构建覆盖我国市场 90% 以上信用债发行人的量化信用分析模型,以对信用债违约风险进行有效预警;积极推广人工智能技术在反洗钱预警领域的应用,以提升自动化风险监测能力。

7.4 平安银行:依托科技、聚焦零售

整体评价:★★★

从整体看,平安银行数字化转型的主要特点是围绕零售业务转型,持续提升科技创新能力,发挥科技创新引领作用。特别是在智慧财务体系搭建、物联网银行建设方面,平安银行的理念较为先进,取得的成效较为显著,这为其数字化转型提供了坚实基础支撑。总体而言,平安银行数字化转型依托科技、聚焦零售。

7.4.1 体系化:数字化组织初步建立

评价:★★☆

平安银行积极推进组织体系化,为数字化转型提供组织保障。其在这方面的主要措施包括完善部门架构、优化岗位设置、组建敏捷团队等。

(1)**完善部门架构**。在总行设立科技运营中心、科技开发中心以统筹金融科技运营、开发事宜,同时在公司业务、零售业务板块分别设立公司网络金融事业部、零售网络金融事业部,以推进科技与业务融合,深化数字化转型。

(2)**优化岗位设置**。在总行设立首席信息官、首席架构师等岗位,吸引专业人才为全行赋能,引领全行提升数据治理水平,实现金融科技创新发展。

(3)**组建敏捷团队**。持续深化敏捷运作模式,强化科技及业务队伍的

融合及协同,组建基础零售研发团队、零售风险研发团队,支持对应领域的快速交付和科技应用,赋能业务转型。

7.4.2 标准化:探索财务与业务融合路径

评价:★★★☆

平安银行不断引领数字化转型,从财务视角出发,深入探索业务发展底层规律,发掘客户、产品价值创造逻辑。其在这方面的主要措施包括打造"智慧财务"系统、建立"原子"产品体系、构建全新用户价值模型。

1. 打造"智慧财务"系统

"智慧财务"系统以"业财融合、赋能业务、驱动经营"为目标,探索"工"字形方法论。随着相关应用的逐步深入和迭代优化,财务已经成为平安银行全行数字化转型的连接器和催化剂。

下面介绍"工"字形方法论的具体含义。

(1)"工"字下的"一":以数据治理为基础,打造业财综合数据管理平台,统一全行产品目录,推进全行数据标签化、标准化、颗粒化,实现底层系统数据打通共享、信息穿透;统一全行产品管理、产品标准、产品核算,实现核算、流程、数据的标准化;通过建立"原子"产品体系(包括映射营销产品和核算科目产品),打通业务和财务核算体系之间的屏障,实现产品信息共享,有效促进业财融合。

(2)"工"字中间的"|":全面梳理流程断点、推进业务流程、业财流程、财务流程的去手工化,完成业财系统打通、流程去断点和流程自动化等系列工作。通过优化业财流程,将汇报频率由月报提至日报,报表产出时效整体提升50%,部分指标产出时效提升30倍。

（3）"工"字上的"一"：通过 AI 建模，平安银行既满足了预算、预测、经营分析、管理决策的需要，又直达业务前端提高了对投产追踪及检视的效率，还进一步优化了资源配置，驱动了业务经营良性发展。打造多维度、立体化、覆盖从董事长到客户经理的智慧经营平台，在报表、场景、分析、预测、预警及追踪等层面全面实现智能化；运用管理驾驶舱技术，对重点场景进行集成分析，覆盖业绩考核、资源配置、成本管控、检视追踪、资产负债管理、客户综合贡献等多领域。

2. 建立"原子"产品体系

以"原子"产品（"原子"产品指营销产品的基础构件，是银行对外经营和服务的最小单元）为工具，持续推进产品标准体系建设。在业财融合、统一数据、统一语言的目标下，原子产品成为贯通全局的管理工具，可辅助垂直打通从总行到各个条线、各个分行、各个机构之间的屏障，并可贯穿产品经理、客户经理和客户等各种角色。

3. 构建全新用户价值模型

平安银行提出，对于传统对公客户，应更加关注直接收益和风险损失。但在数字经济场景下，尤其是对于转型中的对公客户，这种做法存在一定的问题。所以平安银行又提出经营模式从单客经营向生态经营转变。

在企业对银行的价值贡献中，隐形贡献（包括数据贡献、用户引流、生态贡献等）的价值正在不断提升，所以平安银行将数字化转型的核心确定为打造以客户为中心的服务体系。这个体系还要有足够的智能性和有温度。这就需要重新定义用户价值，按照客户旅程梳理每一个与用户相关的环节，实现前中后台一体化，进行由用户体验驱动的业务模式创新。

构建 SCORE 模型，即基于数据资产（Source）、行为表现（Conduct）、经营资质（Operation）、营收贡献（Revenue）以及生态溢价（Ecosystem）五大维度，综合金融收入、生态综合价值、全生命周期价值等多个方面，打造全新用户价值体系。

7.4.3 模型化：探索业务机制创新模式

评价：★★☆

平安银行持续完善科技治理模式，打造科技与业务双轮驱动模式，推进科技与业务深度融合，推动金融服务供给质效与客户体验全面提升。其在这方面的主要措施包括推进"五位一体"新模式、打造五大业务中台、完善科技创新体系、优化科技人才机制等。

1. 推进"五位一体"新模式

"五位一体"新模式是一种以客户为中心、由数据驱动的新模式，是用最优质的产品和服务惠及最广大客群的、有温度的新模式。"五位一体"新模式中的"五位"指综合化银行、AI银行、远程银行、线下银行和开放银行5个要素。各要素之间相互衔接、融合，构成有机整体。其中，综合化银行作为基底，对基础服务能力进行整合并输送至以AI银行、远程银行、线下银行为一体的服务矩阵，为客户高效提供优质服务。开放银行可触达更广阔的用户群体，并可将最终沉淀的数据回传至综合化银行，形成经营服务闭环。

（1）综合化银行通过串联客户个人、家庭以及其身后企业的需求，依托平安集团综合金融优势，可打通客户在金融与生活方面服务需求，从而为客户提供一站式、一揽子、一条龙的优质解决方案。

（2）将AI银行、远程银行、线下银行融合，打造"AI+T+Offline"（AI银行+远程银行+线下银行）的智能化的服务矩阵——"随身银行"，着力构建市场领先、兼顾专业与温度的智慧客户经营体系。基于客户在银行系统中的全生命周期旅程，以随时、随心、随享，专人、专业、专属的形式，将最适配、陪伴式的金融服务提供给每一位客户。

（3）开放银行坚持"走出去"与"引进来"相结合，通过与场景方合作，实现"共同经营、共建生态、共助实体"，让金融服务变得"无处不在、无所不能、无微不至"，打造零售业务的全新"增长极"。

2. 打造五大业务中台

持续升级业务、风险、运营、数据、技术五大业务中台，通过业务中台敏捷赋能前台，助力客户服务升级、资源配置优化、部门协同深化。在客户服务升级方面，推动从"以产品为中心"向"以客户为中心"转变，围绕客户需求，进行客户经营全生命周期布局；在资源配置优化方面，着眼于各业务线共性瓶颈问题，集中力量、快速突破，并尽可能减少重复建设；在部门协同深化方面，通过协同、整合分散在各业务线的有关技术、数据、风险识别等的中台能力，实现对业务发展的无缝支撑。

3. 完善科技创新体系

建立创新委员会、"创新车库"等机制，激发包括科技人员在内的全员创新活力；建立创新容错机制，不因做错一点事情或没达到预期效果就立刻否定，尤其是在开始阶段，不施加过高的业绩压力，只要是以客户为中心且坚守合规底线的创新探索，在政策层面就应该给予鼓励；建立互相借鉴、互相学习机制，在转型过程中一直积极借鉴同业的优秀经验和做法。

4. 优化科技人才机制

建立富有竞争力的薪酬体系和激励机制，为科技人员创造良好的职业发展通道；探索多元激励机制，允许银行金融机构为科技人才单独建立类似于科技公司的资源分配及考核机制；探索员工持股机制，打造有利于科技人才成长和环境，提升科技人才长期扎根银行机构的意愿；建立人才培养和引进机制，建立金融科技领军人才队伍，在科技人才升迁方面给予一定宽容度，持续引入全球顶尖科技精英，加快多元化的复合型人才团队建设；完善创新人才分类机制，根据对金融科技创新接纳能力的不同，将人才分为创新驱动者、创新倡导者、创新实用者、创新无关者、创新管制者5个类别。

7.4.4 智能化：基础设施体系初步建立

评价：★★★

平安银行积极推进数字化转型，持续推动金融科技基础平台建设，加快先进科技与银行业务深度融合。其在这方面的主要措施包括建立物联网银行、生态银行、平台银行、开放银行、智慧银行等。

平安银行积极推动金融科技基础平台建设。通过基础设施全面云化，使应用架构向分布式、微服务、容器化转型，助力构建领先、高效的云原生技术体系。搭建容器云平台，基于不同场景分别构建在线业务、运营工具、人工智能训练等容器集群，并与 Starlink 平台融合，促使应用发布时间从小时级缩短至分钟级，推动应用上云；推广分布式 PaaS 平台，优化开发、分布式事务、监控告警、统一对账等组件功能，增强平台化能力；推进开放平台建设，全方位支持银行生态化发展。

（1）**物联网银行**。搭建"星云物联网平台"，发射金融界第一颗物联网卫星"平安1号"，有效支撑业务经营和风险管理。

- 在业务经营方面，打通信息壁垒，实现数据"采集、确权、溯源、验真"，有效解决银行与企业信息不对称的痛点，实现产品线上化、模型化和自动化，打造场景属性强、科技属性强、经营模式轻的供应链金融；不断扩大金融生态圈，寻找创新金融科技场景，推动创新业务落地，重点推动在智慧制造、智慧车联、智慧农业、智慧能源、智慧城建、智慧物流这六大产业中的落地，进一步加大对实体经济的支持力度。
- 在风险管理方面，持续优化数据采集、建模、应用等环节，实现对实物资产的感知、识别、定位、跟踪、监控和管理，利用百万级物联网设备数据丰富风控数据的维度，实现对各类场景融资风险的及时预警与阻断；对主流行业实现场景监控与业务验真，在贷前、贷中、贷后分别建立监测评估模型，有效发挥增信及预警作用。

（2）**生态银行**。持续优化智能语音技术，扩展应用场景，提高语音识别准确率，有效推进业务信用卡拓展；基于机器人流程自动化技术开发的"小PAI"智能问答机器人投产上线，并应用到智能客服，覆盖数字口袋App、企业网银、"赢家"App等多个渠道，提高了问题解决率；利用光学字符识别技术赋能证件识别，有效提升业务审核效率；为银租设备贷业务提供区块链数据存证、溯源、防篡改服务，有效降低了企业办税成本和贸易融资风险；区块链BaaS平台通过第三方机构检测，成为首批央行金融分布式账本相关标准认证的平台之一。

（3）**平台银行**。建立分布式架构平台，自主研发分布式金融PaaS平台，并将其在多个项目中推广使用，涉及信用卡新核心系统、云收单系统等。开发运维一体化工具平台"星链平台"（Starlink），通过Starlink发布全行大部分应用，持续提升研发和交付效率。升级开放平台，搭建开放银行，通过发布应用程序编程接口服务，提升日接口调用量，实现精准流量转化。

（4）**开放银行**。强化基础能力建设，将金融服务与互联网场景深度融合，推动能力开放与流量开放，助力实现场景化经营、生态化发展。在能力开放方面，平安银行通过零售开放银行平台已发布几百个产品、上千个应用程序编程接口和H5接口，覆盖了账户、理财、支付、保证金、贷款、信用卡等产品线；在流量开放方面，通过开放银行小程序平台，引入客户高频使用的外部生活场景，构建口袋"金融+生活"生态，实现银行服务与"衣、食、住、行、娱"诸多场景融合的闭环经营。

（5）**智慧银行**。持续推动全面 AI 化，通过知识治理持续提升 AI 化水平。

- 在 AI 营销方面，升级 AI 客户经理，打造以客户为中心的全触点、全生命周期旅程的陪伴式服务。
- 在 AI 客服方面，搭建"多渠道联动、多角色协同、多媒体交互"的空中厅堂服务新模式，增加网络电话、知识视频、5G 消息（试点）场景应用等创新型交互服务模式。
- 在 AI 风控方面，打造 SAFE 智能反欺诈系统，搭建智能尽调系统，开发支持客户信息分析、风险事件集成、流水智能分析、智能语音外呼的工具。

7.4.5　全景化：数据资产管理能力提升

评价：★★★

平安银行持续完善数据治理体系，构建企业级数据中台，通过数据资产化夯实基础数据管理能力，提升数据服务水平，在各领域深入挖掘数据资产价值，为经营管理和创新提供强大的数据驱动引擎。总体来说，其主要完成如下工作。

（1）启动数据治理 3.0 体系规划，升级数据资产管理平台，形成客户主题、外部数据主题等六类高价值的数据资产画像。全行已制定的数据标准有近 4000 项，数据资产目录覆盖率达 90%，数据质量得到进一步夯实。

（2）建立数据资产化管理体系。强化数据治理能力，提高数据质量，挖掘数据价值，深化数据应用，提高底层数据的标准化、标签化、颗粒化、流程自动化、应用智慧化。构建平台化数据能力，打造数据中台，实现数据赋能，在经营决策、产品服务、风险管理和精准营销等方面支撑经营管理实现决策"三先"（先知、先觉、先行）、经营"三提"（提效益、提效率、提产能)、管理"三降"(降成本、降风险、降人力)。

(3)数字化经营管理。这主要体现在如下方面。

- 在业务运营方面,通过搭建智慧云服务平台,共享网点柜员、中后台专家等服务资源,打破物理空间局限,实现更有效的资源整合和分配;网点对公业务中超80%实现远程集中处理,有效节约人力成本。
- 在经营管理方面,智慧财务系统新增指标超5000项、应用场景超30个,日均处理数据超3亿条,实现隔日发布内部经营报告,这推动了经营管理效率的提升。全新的智慧特管平台内嵌AI估值、智能尽调等多种智能应用工具,提供从不良资产移交到回收全流程100%线上化服务,打造行业领先的不良资产生态化经营平台。
- 在风险管理方面,智慧风控平台从防守走向助攻,赋能业务拓客创收。在产品端嵌入移动建额审批功能,通过该功能,在10分钟内即可完成客户从进件到审批再到放款的全流程;创新打造集"人脸识别+证件OCR识别+远程视频+移动定位"于一体的综合风控产品"移动面签",在远程模式下执行客户调查和合同面签,这使平安银行在坚守风控底线的同时,降低了运营成本。